불사조 천하

황희

역사를 바꾼 인물·인물을 키운 역사

불사조 천하
황희

역사·인물 편찬 위원회 엮음

역사디딤돌

머리말

고려 말의 나라 사정은 혼돈의 연속이었다. 홍건적의 침입으로 나라 전체가 쑥밭이 되었고, 신돈의 집권으로 고려의 정치가 큰 혼란에 빠지기도 했다. 또한 날로 빈번해진 왜구의 침입은 그 피해가 극에 달해 나라 전체가 전쟁터나 진배없었다. 중국 대륙도 혼란스럽기는 마찬가지였다. 명나라가 힘을 강화하여 북쪽과 남쪽으로 영향력을 확대하며 원나라를 내몰고 있었다. 북쪽으로 쫓겨 간 북원은 몰락을 눈앞에 두고 있었고, 신생국 명나라는 많은 국가로부터 조공을 받으며 세력을 넓혀 가고 있었다.

고려는 북원(北元)과 명나라 사이에서 아슬아슬한 줄타

기 외교를 벌여야만 했다. 북원과 원나라는 서로 약자가 강자를 섬기는 사대(事大)를 요구하며 고려에 많은 조공을 요구하고 나섰고, 고려는 어느 쪽도 무시하지 못한 채 전전긍긍할 수밖에 없었다. 그러다 1387년, 명나라의 무리한 조공 요구와 최영의 대명 강경책으로 고려와 명나라 관계는 극도로 악화되었다.

1388년 2월, 우왕은 최영과 함께 요동정벌 전쟁을 감행했다. 그러나 이성계와 조민수는 위화도 회군으로 최영 세력을 축출한 뒤에 명나라와 손을 잡았다. 그런 뒤에 이성계 일파는 우왕과 창왕을 폐립하고, 공양왕을 왕으로 세웠다. 그 뒤, 이성계 일파는 역성혁명을 내세워 고려를 멸망시켰다. 이로써 고려 왕조는 개국한 지 474년 만에 제34대 공양왕을 끝으로 역사 속으로 사라졌다.

황희는 고려 말에 급제했지만, 고려가 망하자 두문동에 은거했다가 과감하게 이성계 정권과 합류했다.

황희는 늘 백성들을 먼저 생각했고, 언제나 바른말을 하여 벼슬과 귀양살이를 번갈아 했다. 태종이 세자인 양녕대군을 폐하려 하자 극구 반대하고 나섰다가 태종의 미움을 사 교하로 귀양을 떠나야 했다. 그러다 세종의 배려로 유배에서 풀려나 좌참찬에 올랐다. 그 뒤에 목장 관리를 소홀히 하여 나라의 말 1천 마리를 죽게 한 태석균의 감형을 사헌부에 건의했다가 탄핵을 받아 벼슬에서 물러나기도 했다.

황희는 60년가량 공직 생활을 했다. 그 가운데 24년간은 재상으로서 가장 높은 자리에 있었다. 그렇듯 황희는 특별한 지위에 앉아 있었지만, 늘 검소한 생활로 일관하여 청백리로 인정받고 있다.

황희는 어떤 문제든지 계책이 남달랐을 뿐만 아니라 상황과 사건에 따라 적당한 해결책을 내놓을 줄 아는 능력을 지니고 있었다.

세종은 일을 부드럽게 처리해야 될 경우에는 맹사성을 찾았고, 정확성이 필요할 때에는 황희를 찾았다. 세종은 두 재상의 성격을 잘 활용하여 때로는 강력한 정치력을 발휘

하고, 때로는 온유한 정치를 펼칠 수 있었다. 세종의 그런 중용적인 태도는 맹사성과 황희의 도움을 받아 조선 역사상 가장 안정된 시대를 이끌 수 있었다.

 황희는 격동의 시대에 태어났지만 수많은 고비를 넘기면서도 현실을 직시하며 적극적인 자세로 대처하며 항상 나라의 득이 되는 일을 찾아 행동으로 옮겼다. 중요한 결정을 내리는 데는 망설임이 없이 신속 정확했지만 다른 사람의 견해와 입장을 너그러이 받아들여 조화를 이루려 애썼다. 황희가 있었기에 조선은 훨씬 더 빨리 나라의 기틀을 바로잡고 기강을 세울 수 있었던 것이다.

불사조 천하
황희

차

례

고려 땅을 휩쓴 폭풍우 … 12

고려의 멸망, 조선의 건국 … 30

두문동으로 사라진 고려 신하들 … 45

이방원의 야망과 정도전의 죽음 … 65

정종과 황희의 대립 … 81

태종의 시대 … 92

양녕대군을 보호하려는 황희 … 106

세종과 황희가 만든 세상 … 130

불사조 천하
—황희—

청백리로 이름 높은 조선 초엽의 명재상

(1363~1452)
초명은 수로, 자는 구부, 호는 방촌, 시호는 익성

황희는 1389년(고려 공양왕 1) 문과에 급제하여 성균관 학록이 되었다. 1392년 이성계가 고려를 무너뜨리고 조선을 세우자 고려 충신들이 모여 사는 두문동으로 들어가 은거하며 살았으나, '오직 어려운 백성을 위해 일하라'는 두문동 선비들의 건의를 받아들여 1394년(조선 태조 3)에 다시 개경으로 돌아왔다.

1400년(정종 2) 형조, 이조정랑 등을 지내던 황희는 1405년(태종 5) 왕을 곁에서 모시며 왕명을 전달하는 도승지에 올라 태종의 극진한 예우를 받았다. 그 후 차례로 이조, 형조, 예조, 병조의 판서에 올랐다.

황희는 늘 백성을 생각했고, 언제나 바른말을 하여 벼슬과 귀양살이를 번갈아 했다. 1418년에는 태종이 세자인 양녕대군을 폐하고 충녕대군(세종)을 세자로 내세우자 이를 강력하게 반대하다가 서인(庶人)으로서 경기도 교하로 귀양 갔다가 다시 전라도 남원으로 유배되었다.

1422년 세종 4년에 유배에서 풀려나 예조판서, 우의정 등을 거쳐 1427년 좌의정에 올라 세자의 스승이 되었고, 1431년 영의정에 올라 19년 동안 영의정 자리를 지켰다. 황희는 영의정으로 있는 동안 농사법을 고치고 예법을 개정했으며 첩의 자식들이 천한 일을 하는 것을 면제해 주는 등 많은 일을 했다. 지은 책으로 『방촌집』이 있다.

고려 땅을 휩쓴 폭풍우

 황희는 1363년 개성 가조리에서 황군서의 아들로 태어났다. 아버지는 판강릉부사를 지냈는데, 그의 아내가 황희를 임신했을 때, 고을에 기이한 일이 일었다. 큰 가뭄에도 마르지 않던 개성 송악산의 용암폭포 물줄기가 열 달 동안이나 끊겼던 것이다.

 "왜 폭포가 끊겼을까?"

 "나라에 큰일이 생길 조짐인가?"

 사람들은 느닷없이 물줄기가 끊긴 폭포를 의아하게 생각했다. 그런데 황희가 태어나던 날, 열 달 동안이나 끊겨 있던 폭포가 다시 줄기차게 쏟아지기 시작했다.

 "폭포가 전과 같이 쏟아지고 있네!"

"태어난 아기가 예사로운 인물이 아닌 모양이야. 그러기에 하늘에서 아기가 태어나는 것을 축하하려고 그동안 폭포 물을 막았던 것이 아니겠는가?"

자손이 귀한 집안의 둘째로 태어난 황희는 많은 사람의 축복을 받았다. 그런데 태어난 지 며칠 지나지 않아 갑자기 아기의 배가 불러오고 온몸이 불덩이가 되었다.

"아기 온몸이 왜 이렇게 뜨겁단 말인가. 서둘러 의원을 불러와라."

황급히 달려온 의원은 아기 진맥을 짚어보고 말했다.

"이 아이는 보통 사람보다 장이 길어서 배설이 쉽지 않아 이렇게 된 것이니 크게 걱정할 일은 아닙니다."

의원은 아기에게 먹일 약을 지어 주었다. 하지만 가족은 마음을 놓을 수가 없었다.

"늙도록 오래 살라는 뜻으로 이름을 수로(壽老)로 지어야 되겠구나."

우포늪
우포늪은 약 1억4천 년 전에 생성된 것으로 추정된다. 우리나라 최대의 내륙 습지로 꼽히는 이곳에는 환경부가 멸종 위기 종으로 지정해 보호하고 있는 가시연꽃 등 340여 종의 식물과 62종의 조류, 28종의 어류가 서식하고 있다.

황희의 어린 시절에 대해서는 잘 알려져 있지 않다. 다만 태어나면서부터 신기(神氣)가 돌아 보통의 아이와는 달랐다는 것과 훤칠하고 총명이 출중한 데다 강건한 위엄을 갖추고 있어 일찍부터 큰 인물이 되리라는 기대를 받았던 것 같다.

전북 남원시 대강면 풍산리 산촌 마을 뒷산에 있는 황균비(황희의 조부)에는 전설 한 가지가 전해져 오고 있다. 그 터는 황희의 아버지 황군서가 무학대사의 스승인 나옹대사를 구해 주고 그 보답으로 얻은 명당이라고 한다.

전국을 유람하던 나옹대사는 친구인 남원의 오 부잣집에 오랫동안 머물게 되었다. 오 부자는 신후지지(살아 있을 때에 미리 잡아 두는 묏자리)를 잡아 달라며 많은 돈을 나옹대사에게 주었다. 나옹대사는 그 돈을 가난한 절에 주어 불사하는 데 사용하게 했다. 그 후에도 오 부자는 여러 차례 많은 돈을 주며 불편이 없도록 해 주었다. 그런데 오 부자와 함께 산에 오르기만 하면 혈처가 보이질 않았다.

"참으로 이상하구나. 어째서 오 부자하고 산에 오르기만 하면 혈처가 사라진단 말인가."

나옹대사는 몹시 난감해 했다. 그런데 욕심 많은 오 부자의 아들이 그런 나옹대사를 못마땅하게 여겼다.

"아버지는 돈이 썩어난 것도 아닌데, 어쩌자고 땡중한테 그 많은 돈을 주는지 모르겠다."

아들은 오 부자가 출타한 틈을 노려 나옹대사를 결박했다.

"시줏돈을 몽땅 챙기고도 명당을 잡아 주지 않다니, 오늘 본

때를 보여 주겠다."

아들은 나옹대사를 이리저리 끌고 다니며 봉변을 주었다.

"어이쿠, 스님한테 이 무슨 무례한 짓인가!"

지나가다 그 모습을 목격한 황군서(황희의 아버지)는 크게 화를 냈다.

"흥, 이 땡중을 살리고 싶거든 그동안 우리 집에서 받아 간 돈을 대신 내놓으면 되겠구나."

"좋다. 당장 그 돈을 마련해 줄 테니 스님을 풀어 주도록 해라!"

황군서는 오 부자 아들이 요구한 돈을 마련해 건네주고, 나옹대사를 구했다.

"나를 곤경에서 구해 주었습니다. 참으로 고맙습니다."

나옹대사는 황군서에게 보답을 하고 싶었다. 그런데 오 부자와 산에 오르면 보이지 않던 혈처가 눈에 보였다.

"이 땅에 조상의 묘를 잡으십시오. 그리고 자손이 태어나거든 꼭 송악에서 키우십시오."

황군서는 나옹대사의 말대로 그 터에 아버지 황균비 묘를 바로 이장했다. 그리고 얼마 후, 부인 몸에서 태기가 있자 송악으로 이사를 했다. 그 뒤에 태어난 아기가 바로 황희였다.'

황희는 홍건적의 침입으로 안동에 피난 갔던 조정이 개경으로 환도하던 무렵에 태어났다. 그렇듯 고려 사회가 계속되는 변란으로 어려움을 당하고 있는데, 남해안과 경상도 일대에서는 왜구가 침입하여 백성을 불안에 떨게 했다.

그런 데다 설상가상으로 노국공주가 산고를 이기지 못하고 숨을 거두자 계속되던 전란에 지친 공민왕*(고려 제31대)은 왕사 신돈*에게 정권을 내맡기고 노국공주*의 명복

· 공민왕은 1341년(충혜왕 복위 2)에 원나라에 가서, 노국대장공주와 결혼하였다. 원나라의 지시로 충정왕(고려 제33대)이 폐위되면서 왕위에 올랐다. 원나라가 쇠퇴해지자 원나라 배척운동을 일으키고, 몽골 연호와 관제를 폐지하여 문종 때의 제도로 복귀하는 한편, 내정을 간섭한 정동행중서성이문소를 폐지하였다. 이어 원나라 왕실과 인척 관계를 맺고 권세를 부린 기철 일파를 숙청하고, 100년간 존속한 쌍성총관부를 쳐서 폐지하는 등 빼앗긴 영토를 회복하였다.

· 신돈은 고려 말기의 승려로서 공민왕의 신임을 받아 정치계에 들어와 관작을 받았고, 부패한 사회 제도를 개혁하려 했던 승려 출신의 개혁 정치가다.

· 노국공주는 원나라 위왕의 딸로 공민왕과 결혼하여 왕비가 되었다. 난산 끝에 죽었는데 그녀가 죽은 뒤 공민왕은 정사를 돌보지 않았다고 한다.

을 빌기 위해 불사에만 전념했다.

공민왕이 정사에 손을 떼고 신돈에게 모든 것을 맡기자, 정치는 한 치 앞을 내다볼 수 없을 지경으로 문란해졌다. 공민왕은 왕권을 강화하기 위해 인재 양성 기관인 자제위(子弟衛)를 설치하기도 했지만, 그의 행위는 걷잡을 수 없이 문란해져 갔다. 그러다 홍륜이 익비를 범하여 임신시키자, 이를 은폐할 의도로 홍륜·최만생 등을 죽이려다가, 그들에게 살해되고 말았다.

그 뒤를 이어 신돈의 자식이라는 소문이 떠돌던 우왕(고려 제32대)이 왕위에 올랐다.

그 무렵에 중국 대륙에서도 큰 정치적 변동이 일어나고 있었다. 새로 일어난 명나라가 원나라를 몽고로 내쫓은 뒤에 차츰 북쪽 만주 지방까지 세력을 뻗치고 있었다.

그런 혼란기에 태어난 황희가 관직에 나간 것은 14살 때 음서로 복안궁의 녹사에 보임되면서부터였다. 복안궁 녹사란 궁에서 사무를 보는 서기로 비교적 낮은 벼슬이었다.

그 무렵에 벼슬을 얻는 길은 두 가지 방법이 있었다. 한 가지는 과거시험에 합격하여 얻는 벼슬이 있고, 또 한 가지는 나라에 공을 많이 세운 조상 덕에 얻는 벼슬이 있었는데, 조상 덕에 얻는 벼슬을 음보(蔭補)라고 한다.

어린 나이에 황희가 관직에 오를 수 있었던 것도 아버지가 중상급의 관리였기 때문에 특권적으로 형식상의 지위에 올랐고, 실제로는 관리나 장교로서 복무했던 것은 아닌 것으로 보인다.

"나라는 한 치 앞을 내다볼 수 없을 정도로 혼란스럽다. 나는 절대 과거를 보지 않고 초야에 묻혀 학문에만 전념할 것이다."

황희는 과거에 대한 관심이 없었다. 그렇지만 가족 모두 황희가 과거에 응시하기를 바랐다.

"대장부가 혼자서 실력을 갈고 닦으며 후학을 가르치는 것도 중요하지만 과거에 응시해서 집안을 빛내고 벼슬을 받아 나라를 위해 일할 수 있는 것도 중요한 일이다. 지금처럼 나라가 위태로울수록 인재가 많아야 나라가 강해진다."

결국 황희는 주변의 강압에 따라 1383년(우왕 9), 21살의 나이로 사마시에 응시하여 합격했다.

그러다 1388년(우왕 14)에 황군서는 충주로 옮겨 갔고, 황희도 아버지를 따라 충주로 내려갔다.

"이곳은 참으로 학문을 하기에 적합한 곳이로구나. 마음이 편안해서 학문을 하는 데도 조금도 피곤함을 느낄 수가 없으니 얼마나 기쁜 일이냐."

황희는 그곳에서 밤낮으로 학문을 닦으며 일생 동안의 정치 생활을 위한 기초를 닦았다. 그리고 이듬해 다시 진사시에 합격했다.

그러나 그 무렵 고려의 국운은 날로 기울어져 가고 있었다. 명나라에서 고려의 철령 이북 땅을 자신들의 요동부에 예속시키겠다는 통보를 해 오면서 고려와 명나라는 팽팽

한 긴장감이 감돌았다. 그리고 마침내 명나라가 요동부의 관리를 보내 철령위를 설치하고, 그 지역을 명나라 영토로 굳히려 하자 최영은 우왕에게 주청하여 요동정벌을 계획했다.

이성계는 4불가론*을 내세우며 요동정벌을 반대하다 최영과 우왕의 반대로 마지못해 군사를 이끌고 요동으로 향했다.

그러나 위화도에서 장마를 만나 더 이상 진군할 수 없는 상황에 빠지자 군사를 이끌고 회군을 하고 말았다. 그것이 위화도 회군이었다.

위화도 회군으로 이성계는 세력을 장악했고, 최영은 1388년 참수되었다. 최영의 몰락은 곧 고려의 몰락을 의미했다.

4불가론이란 최영 장군과 우왕의 공동 작전인 '명나라 정벌'을 반대하는 네 가지의 이유를 말한다.
1· 작은 나라가 큰 나라를 치는 것은 옳지 못하다.
2· 여름에 군사를 일으키는 것은 옳지 않다.
3· 왜구들의 공격에 대비할 수 없다.
4· 장마철이라 활에 입힌 아교풀이 풀어질 수 있고, 전염병 확산이 우려된다.

위화도 회군은 결국 왕조의 교체라는 엄청난 변혁을 가져왔다. 위화도 회군에 성공한 이성계 일파는 제일 먼저 최영을 제거했다. 그리고 우왕을 강화도로 귀양 보낸 뒤에 열 살밖에 안 된 창왕(고려 제33대)을 보위에 앉혔다. 그리고 황희가 문과에 합격한 것도 그해였다.

"이제야 과거의 모든 절차를 마쳤구나."

황희는 몹시 기뻐했다. 문과에 급제한 이듬해에 황희는 성균관 학관에 보임되었고, 비로소 정식으로 관로에 들어설 수 있었다.

"나라가 잘되려면 학식과 덕망이 높은 훌륭한 인재를 많이 길러 내야 한다."

황희는 선비들을 가르치는 일에 온 힘을 다했다.

그러나 이성계 일파는 우왕과 창왕이 신돈의 자식이라는 이유로 폐위시키고, 다시 공양왕을 고려 제34대 왕으로 추대했다.

그 뒤에 공양왕과 이성계는 끝을 알 수 없는 신경전을 벌였다.

주산지
경상북도에 위치한 주왕산에는 주왕산만큼이나 유명한 것이 있는데, 그게 바로 주산지다. 이 저수지는 조선 숙종 때인 1720년에 쌓기 시작하여 경종 때인 1721년에 완공되었다. 길이 100m, 너비 50m 정도의 조그만 호수이지만, 300년 가까운 세월 동안 주왕산 자락의 물을 모으고 있다. 그런데도 이 호수는 한번도 바닥을 드러낸 적이 없다고 한다. 이런 까닭에 저수지 아래에 있는 이전리 마을에서는 해마다 호수 주변을 정리하고, 동제도 지낸다.

"이성계 세력을 멀리하고, 고려 중신들을 내 편으로 끌어들여서 독자 세력을 구축하지 않으면 내 목숨은 물론이고 고려의 종묘사직도 위험에 빠진다."

공양왕은 이성계를 경계했다.

1391년 6월에 이성계를 지지하는 대간들이 일제히 상소를 올렸다.

"귀양에서 돌아온 우현보*를 다시 유배지로 돌려보내야

우현보는 1390년(공양왕 2) 삼사판사로 있을 때 이초의 옥사에 연루, 유배되었다가 풀려나 단산부원군으로 개봉(改封)되었다. 조선 개국 뒤 다시 유배되었다가 풀려나, 1398년(태조 7) 복관되어 이듬해 단양백에 봉해졌다. 1400년(정종 2) 제2차 왕자의 난 때, 이래(李來)로부터 반란 소식을 듣고 이를 이방원에게 알린 공으로 난이 평정된 후 추충보조공신이 되었다.

만 합니다."

 최영, 정몽주, 이색 등과 가깝게 지냈던 우현보도 이성계의 반대파였다. 위화도 회군 후에 파직되었다가 우왕의 역모 사건에 연루되어 귀양을 갔던 우현보는 가까스로 개경으로 돌아왔지만 또다시 대간들의 탄핵을 받았던 것이다.

 그러나 공양왕은 대간들의 상소를 무시했다. 우현보가 무사할 수 있었던 것은 우현보의 손자인 우승범이 공양왕의 사위였기 때문이었다.

 공양왕은 이성계의 셋째 아들 이방의를 이성계 집으로 보내 말을 전하게 했다.

 "대간들의 상소를 금하도록 하시오."

 그 말에 이성계는 크게 화를 냈다.

 "내가 대간들을 뒤에서 사주라도 한단 말인가?"

 이성계는 그 일로 문하시중(오늘날의 국무총리) 자리를 내팽개쳐 버렸다.

 "독자적으로 세력을 구축하려 했지만 무력을 장악할 수

가 없구나. 지금은 이성계의 눈치를 살피지 않을 수가 없다."

놀란 공양왕은 서둘러 우현보를 철원으로 유배시키고 이성계를 설득했다.

"공이 원하는 대로 다 되었으니 문하시중 자리를 맡아 주시오."

우현보의 유배 명령은 곧바로 이성계 세력에 힘을 실어 주는 결정이 되고 말았다.

하지만 아직도 조정에는 이성계를 반대하는 정몽주 세력이 버티고 있었다. 정몽주는 역성혁명을 원하지 않았다.

"고려 왕조를 유지하면서 개혁을 단행해야 된다."

하지만 이성계 세력은 아니었다.

"이미 고려는 썩을 대로 썩었다. 새 술을 새 부대에 담아야 된다. 역성혁명만이 고려를 살릴 수 있다!"

정도전을 비롯한 남은, 조준 등 신유학파는 이성계를 중심으로 해서 새로운 나라를 건설하려고 했다.

"먼저 승리의 깃발을 잡는 쪽이 이긴다. 고려가 망하느냐 살아남느냐가 우리 손에 달렸다!"

공양왕의 신임을 받고 있던 정몽주는 이성계 세력을 제거하기 위해 틈을 노렸다.

"이성계의 수족 노릇을 하는 정도전*, 남은*, 조준* 등만 제거하면 된다. 이성계는 학문이 깊지 않다. 오직 30년 가까이 말 위에서 칼만 휘둘러댄 무인일 뿐이다. 주변 세력만 없애면 이성계를 제거하는 일은 아주 쉬울 수 있다."

수문하시중으로 있던 정몽주는 기회를 놓치지 않았다.

"이성계는 당분간 등청할 수 없습니다. 서둘러 정도전, 남은, 조준, 윤소종, 남재, 조박 등을 모조리 탄핵하여 유배를 보내십시오! 그렇게 하는 것만이 종묘사직을 지킬 수

- 정도전은 고려 말에서 조선 초까지 문신 겸 학자다. 이성계를 도와 조선을 건국하였으며 나라의 기틀을 다지는 역할을 했다. 하지만 이방원에 의해 살해되고 말았다.
- 남은은 고려 말·조선 초의 문신. 고려 우왕 때 사복시정(司僕侍正)을 지냈다. 이성계의 위화도 회군에 동조하여 후에 이성계 일파로 활약하였다. 조선 개국에 공을 세웠다하여 개국 1등 공신에 책록되었다.
- 조준은 고려 말·조선 초의 문신이다. 고려 말 전제 개혁을 단행하여 조선 개국의 경제적인 기반을 닦고, 이성계를 추대하여 개국 공신이 되었다. 제1차 왕자의 난 전후로 이방원의 세자 책봉을 주장했으며, 태종을 옹립하였다.

있습니다."

 공양왕은 정몽주의 요청을 받아들이고 이성계 세력을 모두 유배시켜 버렸다.

 위험에 빠진 것을 파악한 이방원은 서둘러 말을 타고 황주로 달렸다.

 "한시가 급합니다! 빨리 개경으로 입성하지 않으시면 모든 세력을 잃게 됩니다!"

 결국 이성계는 아픈 몸을 이끌고 개경으로 향했다.

 "죽고 사는 것은 다 천명에 달려 있으니 순리에 따를 뿐이다. 자중하도록 하여라."

 이성계는 서두르는 이방원을 타일렀다. 하지만 개경에 도착한 이성계는 크게 낙담했다.

 "내 측근이 모두 유배되어 죽을 날만을 기다리고 있다니!"

 『고려사』에는 이성계가 멀쩡하게 살아서 개경으로 들어오자, 정몽주는 두려움과 걱정으로 3일 동안 아무것도 먹지 못했다고 기록했다.

이방원은 정몽주를 제거할 계획을 세웠다.
"정몽주가 제아무리 충신이라고 해도 우리에게는 제거해야만 하는 적에 불과하다. 우리가 정몽주를 죽이지 못하면 우리가 정몽주 손에 죽음을 당한다!"
결국 이방원은 선죽교에서 정몽주를 참살하는 극단적인 조치를 취했다.

이방원이 정몽주를 살해했다는 것을 알게 된 이성계는 크게 분노하며 이방원을 질책했다고 한다. 이성계는 정몽주 같은 충신을 잘 설득하여 새로운 정권의 정신적 상징으로 삼고 싶었을 것이다. 그 사건을 계기로 이성계는 이방원을 멀리하기 시작했고, 왕위에 오른 뒤에 공신의 명단에도 이방원의 이름을 넣지 않았다.

그러나 그 일로 공양왕이 폐위되었고, 이성계가 왕위에 즉위하면서 조선 500년 왕조가 시작되었다.

고려의 마지막 충신인 정몽주가 살해되고, 유배지에서 죽을 날만을 기다리고 있던 정도전은 무사히 개경으로 돌아올 수 있었다.
"이성계는 머잖아 본색을 드러내고 왕좌에 앉을 것이다."
"무력으로 나라를 움켜쥐었는데 뭐가 두려워서 보위를 마다하겠는가?"
백성은 이성계 일파가 무력으로 왕위를 찬탈할 것이라 여겼다.

고려의 멸망, 조선의 건국

 예상대로 1392년 7월에 공양왕이 폐위되었다. 그리고 모든 걸림돌을 제거한 이성계는 정도전, 조준, 남은, 이방원의 추대를 받아 왕으로 등극하기에 이르렀다. 그가 곧 조선의 건국자인 태조다.

 그때가 1392년 7월 17일이었다.

 "이방원이 이씨 왕조를 세우는 데 결정적인 역할을 했구나."

 "고려 왕씨가 살던 개경 수창궁에서 이씨가 왕의 자리에 오르다니……"

 "이미 새 왕의 나이가 쉰여덟 살이니 이미 30년이 넘게 무인으로 활약하다 왕이 되었질 않은가."

동백나무
동백나무는 대한민국 남부와 일본, 중국에 자생하는 상록 교목이다. 어부의 아내가 돌아오지 않는 남편을 기다리다 숨을 거두고 말았는데, 뒤늦게야 돌아온 남편은 매일 아내의 무덤을 찾아가 통곡을 했다. 그런데 어느 날부터 아내의 무덤 위에 조그마한 나무 한 그루가 자라기 시작했다. 그 나무가 바로 동백나무였다는 전설이 있다.

"고려 왕조를 완전히 뒤엎지 않고 고려라는 국호를 그대로 쓴다고 하는구먼."

"왕이 이씨로 바뀌긴 했으나 국호를 비롯해서 의장·범호 등 모든 것을 전과 마찬가지로 시행한다는 뜻이군."

사람들은 새로운 왕조를 눈여겨보았다.

태조가 고려의 국호를 그대로 쓰기로 한 데는 분명한 이유가 있었다.

"국왕을 비롯해서 모든 것이 일시에 바뀌면 민심이 동요할 수도 있다."

이성계는 백성의 마음을 안정시키는 '평민'을 우선으로 삼는 한편 반대파의 완강한 저항을 될수록 적게 하려 했을 것이다. 또한 당시의 복잡한 국내외 정세로 미루어 이성계의 즉위를 비롯한 새로운 왕조의 수립에 대해 명나라의 승인이 필요한 만큼 국호의 개정 등은 뒤로 미루었을 것이다. 그러니까 이씨 왕조의 새로운 모습을 한꺼번에 윤곽을 드러내기보다는 서서히 드러내는 방법을 선택했던 것이다.

태조는 즉위식을 가진 21일 뒤인 7월 28일에 문무백관을, 그리고 8월에는 방석을 세자로 임명하고 39명의 개국공신을 정했다.

"이들 공신에게는 전결(田結)·노비 등으로써 개국의 공훈을 포상하도록 한다!"

태조는 나라를 안정시키는 데 만전을 기했다.

"명나라는 사대하되, 왜국이나 여진에 대해서는 대등한 입장에서 상대하여 국가의 안정을 도모하겠다."

"대내적으로 사상적인 면에서는 고려 시대에 갖은 폐해를 끼친 불교를 억압하고 유교를 숭상하도록 한다."

태조의 큰 나라를 받들어 섬기고 이웃 나라와는 화평하게 지낸다는 '사대교린(事大交隣)' 정책은 이씨 왕조 5백 년간 지속된 외교 방침이 되었고, '억불숭유책'으로 유교가 정치적 지도 이념이 되었다. 이 유교의 원리가 일반 민중의 생활까지 지배하기에 이르렀지만 5백 년의 역사를 보면 국왕이나 왕비를 비롯한 정치적 지도층은 겉으로는 유교를 강조하면서 실제로는 불교를 숭상하는 경향이 심했다.

"사전(私田) 혁파하여 전국의 토지를 나라에 속하게 하되 백성들에게 나눠 주도록 한다!"

태조는 나라를 이끌 수 있는 기본정책을 성립한 뒤에 밀직사지 한상질을 명나라에 보내 '조선(朝鮮)'이라는 명칭과 태조의 출생지인 영흥의 별칭을 빌린 '화령(和寧)' 둘 중에 하나를 국호로 정해 달라고 청했다.

"화령보다는 조선이라는 국호가 더 좋겠다."

명나라에서 '조선'을 국호로 정해 주자 비로소 새로운 왕조의 국호가 정해졌다.

그런데 명나라에서는 태조의 칭호를 '단(旦)'으로 고치고 국왕의 칭호는 허락하지 않았다.

"말 9천8백여 필을 보내고, 공민왕 때에 명나라에서 받았던 '고려 국왕' 금인(金印)을 반환하여 국왕 칭호를 다시 허락받도록 하라!"

태조는 서둘러 명나라에 다시 사신을 파견했지만, 명나라에서는 '조선 국왕'의 칭호를 내주지 않았다. 뿐만 아니라 조선에 사신을 보내 사사건건 트집을 잡았다.

"조선은 어찌하여 명나라 변장(邊將)을 달래고 여진 사람을 시켜서 압록강을 건너 명나라의 변방을 침범하게 했는가?"

"몇 달 전에 조선이 보낸 말은 모두 쓸모없는 늙은 말이라 탈 수가 없다!"

명나라의 온갖 트집으로 조선 왕조는 창건 대부터 지나치게 사대주의의 성향을 보였으며 자주성을 상실했다고 볼 수 있다. 하지만 당시의 국제 정세로 보았을 때, 명나라는 아시아 제일의 강대국이었다. 조선으로서는 명나라의 승인을 받아 내야만 원만한 국제 관계를 이룩할 수 있었다. 조선 건국 초의 사대 정책은 국제 관계에 있어서 당연한 화해(和解)정책이었다고 보기도 한다.

조선과 명나라의 관계는 대체로 15세기에 접어들면서 정상화되었다. 조선은 세공 명목으로 금 1백 50냥과 은 7백 냥을 해마다 명나라에 보냈다. 조정에서는 단천 등지의 금광 발굴을 장려하고 민간의 금과 은의 사용을 제한하기도 했지만, 명나라에 바칠 세공액을 감당할 수 없을 지경이었다. 1409년, 조선 조정은 명나라에 사신을 보내어 금과 은 대신에 다른 토산물을 바치겠다고 했지만, 명나라는 조선의 요청을 거절했다. 그러다 1428년(세종 11)에 이르러서야 조선의 제의를 받아들였다. 명나라에서는 3년에 한 번씩 세공을 바치게 했지만, 조선에서는 해마다 여러 차례에 걸쳐 명나라에 사절을 보냈다. 조선이 매년 세공 사절을 보

남이섬
북한강에 있는 남이섬은 원래가 섬이 아닌, 구릉지로서 형성된 작은 봉우리였다. 1940년대 이곳에 청평댐이 건설되면서 주변이 물에 잠기고 봉우리는 섬이 되었다. 원래 주인은 섬 이름이기도 한 조선의 남이 장군이다. 그가 유배를 당해 기거했던 곳이자 묘가 있는 곳이기도 하다.

낸 이유는 조선의 실리를 위한 자주적인 행사였다고 보고 있다. 그런데 중국은 조선이 가져다주는 물건은 모조리 '조공'이라 하고, 명나라 사절이 조선에 가져오는 물건은 '상사(칭찬하여 상으로 물품을 내려 줌)'라고 불렀다.

  그로부터 훨씬 뒤, 중국은 영국, 프랑스, 미국 같은 외국에서 받은 물건도 모두 '조공'이라고 하면서 중국이 그 나라에 주는 물건은 '상사' 또는 '사여'라고 했다. 그 사실로 미루어 볼 때, 중국은 오랜 중화사상의 영향으로 뚜렷한 주종 관계가 아니라 하더라도 습관적으로 '조공', '상사'라는 말을 즐겨 쓴 것으로 보고 있다. 그러므로 조선과 명나라의 외교 관계에 있어서 조공이나 상사가 반드시 종속의 관계, 또는 사대정책을 입증한 것이라고 보기에는 어렵다는 의견도 있다. 그러니까 두 나라가 주고받은 물건은 실제로는 '증여 무역'의 성질을 띠고 있다는 것이다. 실제로 1429년, 조선이 명나라에 보낸 물품에는 마필, 인삼, 화문석, 나전 소함, 황모필 등이 있었고, 때로는 명나라의 요구대로 처녀와 환관을 보내기도 했다. 또한 명나라에서 조선에 보낸 물건에는 각종 채단, 자기, 약재, 예복, 서적 등이 있었으며 그 외에도 악기, 보석, 활을 만드는 재료와 소뿔, 문방구 등이 포함되어 있었다. 그러므로 관무역을 통한 물물 교환에 의해서 공식적인 문화의 교류가 행해졌던 것이다.

그런데 관무역 및 사무역으로 인한 폐해도 아주 많았다. 조선 왕조 초에는 금과 은의 과도한 세공액으로 국내의 채광이 전폐되어 뒷날에 국가의 재정 및 산업에 큰 악영향을 끼쳤고, 명나라의 견포를 비롯한 우수한 물산의 수입으로 사치 풍조가 만연하여 국내의 생산을 위축시키기도 했다. 하지만 세공 사절을 따라가는 사무역자들이 큰 수지를 남겼으므로, 조선 조정에서는 명나라에 자주 사신을 파견했다고 보고 있다.

갖은 노력에도 불구하고 명나라의 승인을 받아 내지 못한 태조는 크게 당황했다.

"중추원부사 이지는 서둘러 명나라로 달려가 두 나라의 원활한 교류를 요청하고, 여진인 남녀 4백여 명을 압송하도록 하라."

하지만 여전히 명나라의 태도는 강경하기만 했다.

"만약 우리 명나라와 손을 잡으려면 조선은 왕자를 보내어 조선의 상황을 설명하도록 하라."

명나라는 왕자 한 명이 입조할 것을 요구했고, 태조는 이방원을 명나라로 파견했다. 이방원은 명나라 태조를 만나 조선의 상황을 설명하고, 그동안의 오해를 풀 것을 요청했다. 그때서야 명나라 태조는 요동 도지휘사사에 명하여 조선과의 교류 재개를 허락했다.

태조는 명나라와의 관계 개선만이 아니라 도읍지를 정하는 일에도 총력을 가했다.

수도를 개경에서 다른 곳으로 옮기자는 의견은 태조 원년인 1392년 8월부터 거론된 일이었다.

"개경은 고려 5백 년의 도읍지였으므로 친원(親元) 수구 세력이 뿌리 깊게 남아 있는 곳입니다. 그 구세력의 기반을 뿌리째 뽑고 전국적으로 새로운 기풍을 세우기 위해서는 반드시 도읍지를 다른 곳으로 옮겨야 합니다."

"오래된 음양설에 의하면 개경의 지력이 이미 쇠퇴해졌고, 한양이 왕성하다는 말이 있습니다. 민가에서 초가삼간을 짓는데도 온갖 길흉을 따지는데, 하물며 한 왕조의 도읍지를 정하는 데 음양설을 어찌 믿지 않을 수 있겠습니까?"

"지리적으로 보았을 때도 한강을 끼고 있는 한성은 정치, 경제, 문화 등 어느 면으로든 한 국가의 중심이 되기에 충분합니다."

태조는 문무백관의 의견을 받아들이려고 했다.

그런데 권중화* 등이 한성 대신 공주 계룡산을 적극 추천하고 나섰다.

"친히 계룡산을 살펴보도록 하겠다."

태조는 1393년 2월 초에 문무백관을 거느리고 계룡산으

권중화는 우왕 때 정당문학에 이어 문하찬성사에 이르렀다. 1390년(공양왕 2) 이초의 옥사에 연루되었다 하여 유배되었으나, 곧 풀려나와 문하찬성사를 역임하였다. 1392년 조선 개국 후 문하부판사에 올라 1396년(태조 5) 사은사(謝恩使)로 명나라에 다녀와 1407년 영의정에 임명되었다.

로 향했다.

"음, 새 도읍지로 정하기에 손색이 없는 곳이로구나."

태조는 곧바로 공사 명령을 내렸다. 하지만 공사가 몇 달 진행될 무렵에 경기 좌우도 도관찰사 하륜*이 계룡산은 도읍지로 적당하지 않다는 상소를 올렸다.

"도읍은 마땅히 나라 한가운데에 있어야 합니다. 계룡산은 남쪽으로 치우쳐져 있고, 동·서·북 3면이 막혀 있습니다. 더구나 산이 건조하여 물이 부족하고, 그나마 있는 물도 동남쪽으로 빠져 버립니다."

하륜의 상소를 시작으로 많은 대신들이 계룡산 천도를 반대하고 나섰다. 결국 태조는 공사를 중단하라는 명을 내렸다. 그리고 이듬해인 1394년 8월에 무악(지금의 신촌과 연희동 일대)으로 나가 지세를 살폈다.

"이곳도 도읍지로 삼기에는 여러 가지 문제가 있습니다.

하륜은 조선 전기의 문신이다. 1365년(고려 공민왕 14) 문과에 급제한 후, 1402년(태종 2) 명나라 성제의 등극사(登極使)로 조선 왕조의 완전한 인준을 증거하는 고명인장(誥命印章)을 받아와 조선 건국의 기반을 닦는 데 큰 공을 세웠다.

다른 곳을 찾아봐야 합니다."

정도전, 정총 등이 무악의 지형을 못마땅하게 여기며 반대를 했다.

"한양으로 발길을 돌려 그곳의 지형을 살피도록 하겠다."

태조는 한양에 도착해 옛 궁터 위로 올라가 대신들에게 물었다.

"여기는 어떻겠는가?"

하지만 이번에도 정도전 등이 반대하고 나섰다. 그러자 무학대사가 나섰다.

"이곳은 사방이 높고 수려하며, 중앙은 평연하니 마땅히 성읍으로 삼을 만합니다."

결국 태조는 무학대사의 말을 좇아 한양을 새 도읍지로 정하고, 그해 9월에 궁궐조성도감을 한양에 설치했다. 그리고 개경으로 돌아갔던 태조는 한양을 도읍지로 정한 지 두 달만인 10월에 한양으로 천도했다.

태묘·사직·궁궐이 완성된 것은 1395년 9월이었다. 또한 그해 9월에는 북쪽의 백악, 동쪽의 낙산, 남쪽의 남산, 서쪽의 인왕산을 잇는 도성 5만9천5백 자(약 17킬로미터)를 쌓게 했다.

관룡사 석장승

경상남도 창녕군 창녕읍 옥천리 관룡사 입구에 좌우로 마주 보고 선 한 쌍의 화강암 장승이다. 왼쪽의 것이 남장승이며 툭 튀어나온 왕방울눈, 주먹코, 아래로 향한 콧구멍과 턱 등이 특징적이다. 꼭 다문 입술 사이로 송곳니 2개가 양쪽으로 비스듬히 내려와 양각되어 있으며 몸매가 육중하고 중량감이 있다. 여장승과는 달리 관모를 쓴 모습에 콧잔등에는 굵은 주름이 두 개가 새겨져 있으나 몸통에 명문(銘文)은 새겨져 있지 않다.

1395년 6월에는 한양부를 '한성부'로 고쳐 부르고, 성 밖 10리 이내에 인접한 지역을 모두 한성부에 포함시키게 했다.

또한 1395년 무렵부터는 대시가(지금의 종로 네거리)에는 종루(鐘樓)를 높이 세우고, 누각 위에 매달아 놓은 큰 종을 하루 두 번씩 쳤다.

새벽 4시에 치는 종은 통행금지 해제를 알리는 파루(罷漏)였고, 저녁 10시경에 통행금지를 알리는 종은 인정(人定)이라고 했다. 이 종루는 세종 무렵에 고쳐 지어졌으나 임진왜란 때에 불타 버렸고, 훗날에 그 옆 길가에 종각을 세우고 원각사의 종을 옮겨 달았다고 한다.

  조선 왕조의 새 도읍지를 정하는 데 2년이 걸렸지만, 대규모의 공사는 불과 2년밖에 걸리지 않았다고 한다. 천도 이후에도 일부에서는 한성이 개경만 못하다고 주장했고, 그로 인해 1399년에는 개경으로 환도하는 사건이 벌어지기도 했다. 그러다 1405년(태종 5)에 개경 수창궁이 화재로 불타 버리자 다시 한성으로 환도하였다. 지금의 서울인 한성은 그때부터 조선 왕조 5백 년간의 도읍지의 중심이 되었다.

두문동으로 사라진 고려 신하들

"고려의 운명은 바람 앞의 등불이나 다를 바 없다. 나라의 형세가 이렇게 기울고 있으니 어찌하면 좋단 말인가."

황희는 고려가 무너지고 조선이 건국되자 망설이지 않고 성균관 학관 자리를 버렸다.

그 무렵에 황희는 말단의 하급 관리였다. 성균관의 학관으로서 격렬한 배불론을 주장하는 생도들을 두둔한 행적은 나타나지만 어떤 방향의 정치적 입장이었는지에 대한 기록은 없다. 하지만 새 왕조에 나아가 그대로 벼슬을 할 것인가 하는 문제를 놓고 깊은 고민에 빠졌을 것이라고 짐작할 뿐이다.

황포돛배
어업에 주로 이용된 황포돛배는 대부분 0.4톤에서 0.5톤 정도의 작은 배다. 몸통은 스기나무로 만들고 노는 쪽나무로 만들며, 돛대는 죽나무와 아주까리로 만든다. 돛대는 6m 정도로 길게 세우고, 황토를 물들인 기폭을 매단다. 가로 2m 50㎝, 세로 6m의 기폭을 황톳물에 담가서 물을 들인 후에 잘 말려서 사용한다. 황톳물은 두세 번 반복하여 들인다. 한번 마련한 기폭은 2~3년 정도 사용할 수 있다.

태조(이성계)가 왕위에 올랐지만 그를 둘러싼 신하는 대부분 무장들이었고, 그만큼 정치에는 어두운 편이었다.

"건국 초의 여러 가지 복잡하고 어려운 일을 휘어잡고 처리해 나갈 인재가 필요하다."

그러나 정몽주, 이색, 길재 등 고려 왕조의 유능한 신하들은 살해되거나 또는 유배되었고, 아예 정치에서 손을 떼고 고향으로 돌아간 사람도 많았다.

 이색은 조선 왕조에서 한산백에 봉해졌지만, 얼마 못 가서 의문의 횡사를 했다. 이색의 아들 이종학은 정도전의 심복인 손흥종의 손에 죽었다. 이숭인도 정도전의 심복인 황거정 손에 살해되었다. 그 밖의 길재, 원천석, 조견, 남을진 등은 산야에 묻혀서 여생을 조용히 보냈다. 또한 고려의 유신들은 가족과 함께 새 왕조가 서자마자 개경 남대문 밖으로 사라져서 다시는 돌아오지 않았는데, 그 남대문 밖 2km 지점의 '돌아오지 않는 고개' 즉 '부조개'로 50가구가 넘어갔다고 한다.

 태조는 조준의 아우인 조윤에게 호조판서를 제수했다. 하지만 조준은 벼슬을 끝까지 받지 않았다.
 "지금껏 써 오던 윤자 이름은 쓰지 않고 견(犬)으로 고치고, 자(子)를 종견(從犬)이라 할 것이다!"
 조윤은 망설이지 않고 두류산으로 들어가 버렸다.

그 뜻은 '옛 주인을 잊을 수 없는 것이 개와 같다.', '나라를 잃고도 죽지 못함이 개나 다름없다.'라는 뜻이다.

개풍 광덕산 기슭의 두문동이란 데에는 이른바 72현(賢)의 고려 유신들이 모여 살았다. 그들의 명단은 자세히 알 수 없지만, 『두문동실기』에는 조의생, 임선미, 신규, 맹호성씨 등이 있었다고 기록되어 있다. 마을 이름이 두문동인 것은 문을 닫아 건 마을이라는 뜻이었다.

그동안 이성계 일파의 집요한 정략적 책동을 목도하면서 충절을 지상의 가치로 인식하고 있던 사류(학덕이 높은 선비의 무리)들은 새 왕조와 합류하는 것을 완강하게 거부했다. 태조는 두문동으로 들어간 선비들을 그대로 놔둔다면 백성도 고려를 생각하는 마음이 짙어질 것을 염려했다.

"가까운 시일 내에 과거를 실시하면 두문동의 선비들도 과거를 보기 위해 산을 내려올지 모른다."

이성계는 과거를 실시해 두문동의 선비들을 이끌어 내려

고 했지만 그 계획도 실패하고 말았다.

"두문동의 선비들은 한 명도 과거에 응시하지 않았습니다. 이래도 그들을 살려 두실 겁니까?"

이방원은 계속 그들을 없앨 것을 주장했다. 하지만 태조는 사람을 보내어 두문동의 선비들을 설득했다.

"모두 산에서 내려와 벼슬을 받아 주시오. 지난 일만 생각하고 다가올 미래를 생각하지 않는다면 이 나라가 어찌 되겠습니까?"

그러나 아무도 귀 기울이지 않았다. 결국 화가 치민 이성계는 이지란*과 조영규*를 두문동으로 보냈다.

"어명이다! 산에서 나오지 않으면 불을 지르겠다!"

그런 협박에도 불구하고 선비들은 끝까지 움직이지 않았다. 조영규는 두문동 둘레에 불을 놓기 시작했고, 불길은

- 이지란은 고려 말·조선 초의 공신이다. 여진인으로 공민왕 때 부하를 이끌고 귀화했다. 이성계를 도와 조선 건국에 공을 세워 개국 공신 1등에 책록되었다. 갑주, 공주성을 축조했다. 제차, 제2차 왕자의 난 때도 공을 세웠다.

- 조영규는 고려 말·조선 초의 무신이다. 수차에 걸쳐 왜구 토벌전에 참전하고 이성계가 세력을 구축하는 데 신진 세력의 무장으로 크게 활약했다. 이방원과 모의하여 정몽주를 살해하고 이성계를 추대하여 조선 개국에 공을 세웠다.

삽시간에 두문동을 삼켰다.

두문동의 선비들은 끝내 불길을 빠져나오지 않았고 모두 불에 타 숨을 거두었다.

고려 백성은 불에 타 숨진 두문동 선비들의 죽음을 기렸다. '한번 들어가면 좀처럼 나오지 않는다.'라는 뜻의 '두문불출(杜門不出)'이라는 말은 여기에서 유래되었다.

이성계 또한 끝까지 고려 사직을 위해 충절을 지킨 두문동의 젊은 선비들을 안타까워했다.

"고려는 참으로 많은 충신을 갖고 있었구나. 용상을 얻는 것보다 사람의 마음을 얻는 것이 더 어려운 일임을 이제 알았구나."

태조의 실망감은 이루 말할 수 없이 컸다.

그때 황희가 어떻게 처신했는가에 대해서는 두 가지 이야기가 전해지고 있다.

 '황희와 두터운 정의를 지녔던 이화정이란 호를 가진 이공이 고려 말의 어지러운 정치를 탄식하고 금강산에 몸을 숨겼다. 고려가 멸망하자 황희는 금강산으로 그를 찾아갔다.

"공과 더불어 못다 한 학문을 더 깊이 탐구하며 지낼까 합니다."

그런데 이화정은 황희의 은둔을 극구 말렸다.

"그대가 만약 나를 따른다면 이 땅의 백성을 어이하겠는가. 왕조가 바뀌어도 백성은 바뀌지 않는다. 그대처럼 장래가 촉망되는 선비는 마땅히 관직에 나아가 도탄에 빠진 백성을 구해야 할 것이오."

"어찌 왕조를 무너뜨린 자 밑에서 신하 노릇을 할 수 있겠습니까?"

"개인의 영달을 위해 관직으로 나아가 임금에게 충성하였다면 마땅히 그 왕조와 더불어 성쇠를 함께해야 할 것이오. 하지만 백성을 위해 봉사하겠다는 신념으로 출사한다면 마땅히 관직을 지켜야 하지 않겠소?"

이공이 간곡하게 권유하자 황희는 마지못해 그 말을 따랐다.'

또 다른 하나는 역성혁명이 일어나자 황희는 고려의 옛 신하 72명과 더불어 두문동에 들어갔으나 그들이 "백성을 위해 일하라" 하고 간곡하게 부탁하자 결국 그 말을 좇아 새 왕조에서 내린 벼슬을 받았다는 내용이었다.

어떤 것이 진실인지는 알 수 없다. 그러나 황희가 처신과 진로에 대해 굉장히 오랫동안 주저와 회의의 과정을 거쳤고, 마침내 조선에 사환하기로 결심했던 것으로 보인다.

"세상은 온통 불의로 가득 차 있구나. 이 모든 것을 다 거부하고 싶을 따름이다."

많은 선비들이 목숨을 버려가며 지상의 가치로 인식하고 있던 충절을 끝까지 지키는 것을 보면서 30세의 젊은 황희도 많은 갈등과 절망을 겪어야만 했다.

황희가 조선의 벼슬을 받은 것은 전

경복궁의 상감 행차 의식
경복궁에서는 관광객을 위해 상감 행차 의식을 거행한다.

해 오는 이야기대로 주위 사람의 충고에 귀를 기울인 결과일 수도 있고, 아버지가 큰 영향을 미쳤을 수도 있다. 또는 당시 사회의 혼란과 백성의 피폐, 그런 것들을 보면서 작은 절개에 구애받지 않고 새로이 나아갈 길을 찾아 나라와 백성을 위해 일할 각오를 다졌을지도 모를 일이었다.

두문동을 나와 조정으로 돌아온 황희는 1394년, 나이 32살 때 성균관 학관의 벼슬에 다시 올랐다. 그리고 세자 우정자도 겸했다. 그 자리는 왕세자의 훈도 및 보필과 관계되는 비교적 중요한 자리였다.

"변혁기에 태어나서 왕조의 교체라는 큰 고비를 두 눈으로 보질 않았는가. 작은 것에 얽매이기보다는 큰 것을 위해 일하는 대정치가가 되도록 할 것이다."

하지만 나라는 여전히 혼란스럽기만 했다. 그동안 조선과 명나라 관계는 어느 정도 정상화된 것 같았지만, 여전히 원만하지 못했다.

1395년, 명나라는 조선에서 보낸 표전에 무례한 문자가 있다며 트집을 잡았다.

"사절로 온 유순, 한성유, 정신의, 정총 등을 억류하겠다! 조선 조정에서는 문제가 된 문서를 작성한 정도전을 당장 이송하도록 하라!"

명나라에서는 고려 사신을 억류하고 정도전 이송을 강력하게 요구했다.

"그 문서를 작성한 사람은 정도전이 아닙니다. 정탁이 표의 기초를, 김약항이 전을, 정총과 권근은 윤색을 맡았습니다."

그래도 명나라에서 정도전 이송을 요구하자, 태조는 서둘러 하륜을 제품사로 정하고 권근, 정탁, 김약항 등을 명나라로 보냈다.

"표전의 무례한 문자는 제가 무식한 탓입니다."

권근*은 극구 변명하고, 명나라 태조를 위해 24수의 시를 지어 바쳤다.

권근이 지어 바친 24수의 시의 내용은 모두 명나라에 대한 숭상의 뜻이 담겨 있었고, 명 태조는 그때서야 화를 풀었다.

"조선에서 온 사절단에게 큰 잔치를 열어주고, 수도의 거리를 유람시켜 주도록 하라!"

새 왕조에서 황희는 직예문춘추관을 거쳐 사헌감찰에 승진하는 등, 별 탈 없이 관록을 쌓았다.

어느 날 황희가 가마를 타고 대궐로 들어서는 참이었다.

권근은 고려 말·조선 초의 문신·학자다. 친명정책을 주장하였다. 조선 개국 후, 사병 폐지를 주장하여 왕권 확립에 큰 공을 세웠다. 길창부원군에 봉해졌으며, 대사성·세자좌빈객 등을 역임하였다. 문장에 뛰어났고, 경학에 밝아 사서오경의 구결을 정하였다.

웬 거지 하나가 가마 앞을 가로막았다.

"이 놈의 거지! 뉘 앞이라고 감히……."

가마꾼들은 거지를 꾸짖었지만 거지는 막무가내였다.

"어딜 가는가? 참 오랜만일세."

거지는 목청껏 소리를 쳤다. 그러자 황희 얼굴에도 웃음꽃이 피었다.

"과연 오랜만일세. 마침 나라에 일이 있어 급히 대궐로 들어가는 참이니, 잠시 우리 집에 가서 기다리게. 내 곧 들어갈 테니."

황희가 일을 마치고 집으로 돌아가 보니 거지는 보는 사람이 민망할 정도로 사지를 쭉 뻗은 채 자고 있었다.

"원, 사람도. 무슨 잠을 그리 자고 있나? 이제 일어나게. 자, 우리 만난 지가 하도 오래니 그동안 막혀 있던 이야기 나 좀 하세."

그 거지는 바로 고려가 망하면서 세상을 등졌던 고려 말의 충신이었다. 그러니까 황희와는 오랜만에 만나는 옛날의 벗이었다.

그 친구는 황희가 붙드는 바람에 황희의 집에서 닷새 동안이나 묵었다.

그가 돌아가는 날 황희는 하인을 시켜 쌀이며 음식을 잔뜩 실어 보냈다.

일행이 관악산 중턱에 이르렀을 때 친구는 걸음을 멈추며 하인을 불렀다.

"너, 저 아래 있는 기와집에 좀 갔다 오너라. 내 이야기를 하면 주인이 좋은 음식상을 차려 줄 것이다. 나는 이곳에서 잠시 쉬고 있으마."

그러나 그것은 거짓말이었다. 허탕을 친 하인이 제자리로 돌아와 보니 그 친구는 온 데 간 데 없고 황희가 보낸 쌀과 음식이 그대로 놓여 있을 뿐이었다. 나중에 하인의 말을 전해 들은 황희는 친구가 전하려는 뜻이 무엇인지 헤아릴 수 있었다.

"나보다 더 어려운 사람은 없는가 살피면서 어진 정치를 펼치라는 뜻이로구나."

황희는 친구의 충고를 가슴에 깊이 새겼다. 그러나 순탄하게 벼슬길로 나아가던 황희에게 말 못할 고민이 많았다. 무신들은 정치에 대해서는 아는 바가 없으면서도 고집이 강했고, 문신들은 조선 왕조를 등졌다가 다시 벼슬길에 오른 황희를 신임하지 않고 의심했다.

"인재가 충분했다면 지조 없이 행동한 황희한테 말단 벼슬인들 내렸겠어?"

"그렇게 고려 왕조에 충성을 바치려 했으면 두문동 선비들하고 함께 불에 타 죽을 일이지 슬그머니 지조를 버리고 새 왕조에 협력하는 꼴이 영 보기 사나워."

황희를 아니꼽게 보거나 무시하는 사람이 너무 많았던 것이다.

"내가 아무리 공정무사하고 타당성 있게 일을 해도 틈이 생기고 불화가 생기는구나."

그러나 황희는 조금도 흔들림 없이 맡은 임무에 충실했

다. 그리고 역사의 편찬에 종사하는 사관의 직을 거쳐 백관의 비위를 규찰하고 간쟁을 맡는 대간의 직에 올랐다.

하지만 새 왕조에서 벼슬한 지 3년, 황희는 언사와 관련하여 태조 이성계의 뜻을 거슬렀다는 죄목으로 파직되고 말았다.

태조 6년(1397) 11월에 선공감 정난의 기복(忌服) 문제가 터졌다.

기복은 상을 당한 신하가 임금의 명령으로 상복을 벗고 관직으로 돌아오는 것을 말한다.

이때 비록 임금이 기복 명령을 내렸어도 간관(임금의 옳고 그름을 간언하고, 관리의 임명과 파면에 관여하는 관리)들의 동의가 있어야만 시행될 수 있었다.

태조는 상을 당한 정난에게 기복을 명했지만 황희는 태조의 명에 동의하는 서명을 하지 않았다.

경복궁 향원정
경복궁 후원에 있는 누각이다. 2층 규모의 익공식(翼工式) 기와지붕. 누각의 평면은 정육각형이며, 장대석(長臺石)으로 단을 모으고, 짧은 육모의 돌기둥을 세웠다. 특히 연못을 가로질러 놓인 다리는 향원정의 아름다움을 더해 준다. 고종 때인 1867~1873년에 세운 것으로 추정된다.

"어째서 그대는 기복에 서명하지 않았는가?"

그 말에 황희는 거리낌 없이 대답했다.

"정난은 임금이 기복 명을 내릴 만큼 중요한 임무를 수행하고 있지 않습니다. 원래 기복이란 조정에서 꼭 필요한 인물에게만 시행하는 제도입니다."

"그대는 정난의 직책이 기복 명령으로 관직으로 돌아와야 할 만큼 중요하지 않다는 것인가?"

태조는 불같이 화를 냈다.

"너희 간관들은 아는 사람에게는 부드럽게 대하고, 알지 못하는 사람에게는 원수같이 하니, 공정하질 못하구나! 그대도 오늘부터 일을 하지 말라!"

황희는 태조가 나라를 다스리는 데 잘못이 있으면 거침없이 직언을 했고, 결국 미움을 사서 파직되고 말았던 것이다.

"황희는 꿋꿋한 기상을 지닌 학자가 분명하지만 거침없는 직언으로 임금의 노여움을 자주 사고 있어."

"대쪽 같은 성품이 불의를 못 견디고 바른말을 해서 화를 자초하고는 한다니까."

많은 사람들이 황희를 염려했지만, 황희는 비록 왕의 뜻을 거스른 일이라도 바른말을 하고는 했다.

"지금 나라는 간신히 질서가 잡혀가고 있다. 아직도 백성은 고려를 그리워하며 새 왕조를 불신하고 있다. 역성혁명의 당위성을 백성에게 보여 주려면 누구보다 임금이 앞장서서 올바른 정치를 이끌어야 한다."

황희는 어떤 상황에서도 뜻을 굽히지 않았던 것이다.

황희가 파직되자, 간관들이 들고 일어섰다.

"기복의 서명 문제는 간관들의 고유 권한입니다."

"비록 임금이라도 그 권한을 강탈할 수는 없는 일입니다."

"황희를 내쫓으려는 것은 합법적인 처사가 아니니 거두어 주십시오."

간관들이 황희의 파면을 반대하고 나섰고, 결국 태조는

명을 거둘 수밖에 없었다. 그 사건 이후에 황희는 우습유로 승진하고, 세자의 정자(세자의 서연을 담당하던 관리 중 하나)를 겸하게 되었다.

이방원의 야망과 정도전의 죽음

어느 날, 황희는 한 마을을 지날 일이 있었다.

"날씨가 참으로 덥구나. 그늘에서 잠시 쉬어 가도록 하자."

그런데 나무 그늘 밑에는 한 노인이 땀을 식히고 있었다. 그리고 옆에는 소 두 마리가 한가롭게 되새김질을 하고 있었다.

"소들이 튼튼하게 생겨서 일을 잘하겠군요."

"잘하고말고요."

"두 마리 모두 노인 댁 소입니까?"

"웬걸요. 저 검은 놈은 우리 것이오만, 저 누런 놈은 이웃집에서 빌려 온 것입니다."

"그런데 저 두 마리 중에 어느 놈이 일을 더 잘합니까?"

황희가 묻자 노인은 황희에게 귀를 빌려 달라고 말했다. 황희가 의아해 하며 귀를 대어 주자 노인은 아주 작은 소리로 소곤거렸다.

"이웃집에서 빌려온 저 누런 소가 힘이 더 세다오. 그 놈은 잘 먹고 살이 쪄 일도 썩 잘한다오."

"별일도 아닌데 왜 제 귀에다 대고 말씀하셨습니까?"

황희가 묻자 노인이 대답했다.

"아무리 사람의 말을 못 알아듣는 짐승이라지만, 어느 놈은 잘하고 어느 놈은 못한다는 말을 들으면 싫어하는 법이오. 소들이 비록 짐승이지만 지각이 분명히 있다오. 워! 이랴! 하며 모는 대로 움직여도 어찌 사람들의 말을 알아듣지 못한다고 단언할 수 있겠소. 설령 모른다 하더라도 면전에서 그 우열을 얘기할 정도로 사물을 대하는 데 야박해서는 안 되는 일이잖소."

황희는 그때서야 노인의 참뜻을 깨달았다.

창덕궁 함인정
함인정은 임금의 편전으로 자주 이용되었다. 임금과 신하들이 이곳에서 중요한 사안을 논의하거나 임금이 유생들로 하여금 시험을 행하는 등 공식적인 업무가 이루어진 장소다.

"짐승이든 사람이든 남의 잘잘못을 들먹이거나 남을 두고 이러쿵저러쿵 함부로 지껄여서는 안 된다는 뜻이로구나."

황희는 노인의 말을 깊이 새겨들었다.

"그동안 젊은 기개로 날카롭고 굳센 모습으로만 일관했는데 보다 큰일을 하는 데에는 부드러움과 신중함이 더 필요할 수 있다."

황희는 노인의 말에서 많은 것을 깨달았다.

하지만 이듬해 7월에 황희는 뜻하지 않은 사건으로 태조의 미움을 사고 말았다.

공조의 전서(典書)직에 있던 유한우가 동북면에 있는 순릉(태조의 할머니 경순왕후의 능)과 경안백(선덕왕후 강씨의 아버지 강윤성)의 무덤을 이장하고 돌아와 언관으로 있던 전시의 집을 방문했다.

"동북면에 가셨던 일은 잘 처리하셨습니까?"

전시가 묻자, 유한우는 크게 화를 냈다.

"순릉의 사치가 극에 달합니다. 나라가 이렇듯 어려운데 어쩌자고 순릉을 그리도 호화롭게 단장한단 말입니까? 새 나라가 건국된 지 얼마나 됐다고 벌써부터 왕족 무덤에 그 많은 돈을 들이는지 모를 일입니다."

"무엇이 그리도 화려했단 말입니까?"

"순릉을 옮겨 장사하는데, 석양(石羊)과 석호(石虎), 석실의 난간이 지나치게 사치하고 화려했습니다."

"국군(임금)의 능실이면 몰라도 순릉이 이와 같이 화려

한 것은 결코 바람직한 일이 아니지요."

"어디 그뿐입니까. 경안백의 능실 또한 사치스럽기로는 이루 말할 수 없습니다."

"쯧쯧, 순릉이 화려한 것도 옳지 않은데, 경안의 무덤이 어찌 능침(왕이나 왕후의 무덤)과 같을 수 있겠습니까?"

그런데 등청한 유한우는 전시의 말을 태조에게 그대로 옮겼다.

"무엇이! 전시가 감히 과인의 결정을 입에 오르내리다니! 그 놈을 당장 잡아들여라!"

태조는 노발대발하며 전시를 잡아들이라는 명을 내렸다.

"네 놈과 말을 주고받은 자들을 대라!"

"유한우 외에는 없습니다!"

유한우가 사실대로 말했지만, 고문은 점점 더 심해지기만 했다.

"황희와 박수기와도 말을 주고받았습니다."

전시가 두 사람의 이름을 거론했지만 고문은 멈추지 않

았다.

"장인 유원정, 숙부 전유, 조화, 신효창, 윤신들 등 열 명과 그 이야기를 나눴습니다."

결국 그 일로 전시는 갑주로 유배되고, 박수기는 경성교수관으로, 황희는 경원(인천)교수관으로 폄직되었다.

황희가 경원에 머물고 있을 무렵에 나라에서는 큰 사건이 터졌다.

태조에게는 첫째 부인 한씨 소생인 여섯 아들과 둘째 부인 강씨 소생인 아들 둘이 있었다. 한씨 부인 소생은 방우, 방과, 방의, 방간, 방원, 방연이었고, 강씨 부인 소생은 방번, 방석이었다. 태조는 그 중에서도 둘째 부인의 몸에서 태어난 두 아들을 몹시 아끼고 사랑했다. 다음 보위를 이을 세자도 둘 중 하나로 정하고 싶었다.

"방번 왕자는 성품이 어질지 못하여 도저히 왕위를 이을 그릇이 못 됩니다. 차라리 막내이신 방석 왕자를 세자로 세우십시오."

배극렴이 적극 추천했다. 정도전 등 조선의 신진 세력은 신하들이 중심이 되어 다스리는 나라가 되어야 한다고 생각하고 있었다.

"만약 정안대군(방원)이 왕위에 오른다면 신하가 중심이 되는 나라를 세우는 것은 불가능한 일이다. 정안대군은 반드시 왕이 중심이 되는 나라로 이끌려 할 것이다."

신진 세력은 이방원이 조선 건국에 큰 공을 세운 것은 인정했지만 왕위를 잇게 하는 데는 적합하지 않다고 여겼고, 결국 태조는 배극렴*, 정도전 등 여러 신하의 적극적인 추천으로 이방석을 세자로 세웠다.

신덕왕후 소생인 이방석이 세자로 책봉되자 신의왕후 소생인 형제들은 이만저만 불만이 아니었다. 그 중에서도 이방원이 가장 크게 불만을 품었다.

"나는 정몽주를 선죽교에서 살해하면서까지 조선 건국

배극렴은 고려 말, 조선 초의 무신이다. 이성계 휘하에 들어가 위화도 회군을 단행하였고 공양왕을 폐하고 이성계를 추대하여 조선 개국 공신 1등에 책록되었다.

창덕궁 애련정
조선 시대 숙종 18년에 세워진 창덕궁 후원의 연못과 정자각으로, '애련'이란 명칭은 송나라 유학자 주돈이의 시 '애련설'에서 유래하였다.

이 가속화되는 계기를 만들었다. 그런데 왜 아들 역할도 제대로 한 적이 없는 방석이 세자로 책봉되어야 한단 말인가? 배극렴이 앞장서서 방석을 세자로 삼게 했지만, 정도전 이놈이 더 날뛴 것이 분명하다!"

그런데 세자의 모후인 강씨가 세상을 뜨고 난 뒤, 실의에 빠진 태조마저 병석에 눕고 말았다. 그런데 정도전 무리가 세자가 왕위에 오르는 데 걸림돌이 될 이방원 세력을 제거하려 한다는 소문이 떠돌았다.

"아바마마께서 병석에 계시니 당장이라도 방석이 왕위에 오를 것처럼 구는구나."

이방원은 바짝 긴장했다. 그런데 1398년(태조 7) 8월

26일, 내시들이 왕자와 사위들을 찾아왔다.

"전하(태조)께서 병이 위중하시어 다른 곳으로 거처를 옮기려 하니 아들과 사위들은 모두 입궐하도록 하시오. 대신 수행원은 들어와서는 아니 됩니다."

전갈을 받은 왕자와 사위들은 경복궁으로 들어갔다.

이방과(훗날 정종)와 세자 이방석을 제외한 왕자와 사위들은 근정전으로 들어가는 근정문을 마주한 행랑방으로 모였다. 그 시각에 이방과는 소격전에서 태조의 쾌유를 빌고 있었고, 세자 이방석은 태조 옆에 있었다. 왕실의 최고 어른인 이화(태조의 이복동생)도 행랑방으로 들었다. 경복궁으로 들어가던 이방원은 순간 주춤했다.

"불이 켜져 있어야 할 궁문이 왜 이리 어둡단 말인가."

이방원은 순간적으로 의심을 품었다.

"정도전 이놈이 소문대로 내 목을 노리고 있구나!"

이방원은 갑자기 배가 아픈 척하면서 서쪽 행랑 문 밖으로 향했다. 그리고 재빨리 뒷간으로 몸을 숨겼다.

"시종을 물리치라는 말도 이상한 데다 밤에는 궁중의 문에 등불을 환히 밝히게 되어 있는데 모두 꺼져 있는 것도 이상하구나. 근정문을 들어서는 순간 세자 방석의 즉위에 걸림돌이 되는 우리 형제를 정도전 세력이 제거하려는 것이 분명하다."

이방원은 정도전 세력이 태조가 세상을 뜨기 전에 세자의 걸림돌이 되는 자신을 제거하려 한다고 판단했다.

"내가 정몽주를 죽이지 않았다면 나는 물론이고 우리 집안이 몰살을 당했을 것이다. 이제 정도전을 죽이지 않으면 내가 죽게 된다!"

이방원은 정도전을 제거할 결심을 했다.

뒷간을 나온 이방원은 즉시 말을 달려 영추문을 통해 밖으로 뛰쳐나왔다. 이방원은 마천목*을 불러 이방번을 찾아

마천목은 힘과 무예가 출중하여 고려 우왕 때 산원(散員)으로 등용되어 대장군에 이르고, 1398년(태조 7)에는 상장군이 되었다. 1400년 제2차 왕자의 난을 평정하고 이방원을 받들어 1401년(태종 1) 좌명공신(佐命功臣) 3등에 동지총제(同知摠制)가 되었다. 병조판서 때 상소한 성보론(城堡論)에서 조선 초기에 처음으로 북방 6진(鎭)의 설치를 주장하였다. 명나라에 가서 조선의 승인에 공을 세웠으며 1429년 부원군에 봉해졌다.

가게 했다.

"방번을 찾아가 나를 따르기를 바란다고 하시오!"

마천목은 즉시 이방번에게 달려갔다. 이방번은 세자에 책봉될 수 있었지만, 공신들의 반대로 세자 자리를 놓쳤다고 생각하고 있었다. 그 사실을 잘 알고 있던 이방원은 이방번에게 뜻을 같이할 것을 청했던 것이다. 하지만 이방번은 이방원을 따르지 않았다.

이방번을 따르는 무리는 모두 활을 잘 쏘고, 말을 잘 타는 무뢰배들이었다고 한다. 그들은 오래 전부터 세자를 이방번으로 바꿔 놓고 말겠다는 말을 하고는 했다. 이방번은 그들의 말을 믿고 이방원의 뜻에 따르지 않았다고도 한다.

이방원이 이방번에게 "함께 가자."라는 말을 했던 것은 평소에 이방번이 세자 자리를 엿보고 있다는 사실을 잘 알고 있었기 때문이다.

이방원의 뒤를 따른 사람은 이방의, 이백경, 이방간 등이었다. 이거이, 조영무, 신극례, 서익, 문빈, 심귀령, 민무구, 민무질 등도 이방원의 뒤를 따랐다.

이방원은 이숙번에게 다급하게 물었다.

"오늘의 일은 어찌하면 되겠는가?"

"정도전 무리들이 모인 곳으로 달려가 군사들에게 포위하게 한 뒤에 불을 질러 뛰쳐나오는 놈들을 바로 죽이면 될 것입니다!"

이방원은 망설이지 않고 남은의 첩이 사는 집으로 달렸다. 남은의 첩 집은 경복궁에서 5분도 안 되는 거리에 있었다. 그곳에는 남은, 정도전, 심효생(세자 방석의 장인) 등이 자주 모여 담소를 나누고는 했다.

이방원은 소리 없이 일을 진행시켰다.

"서둘러 집에 불을 놔라!"

이방원의 명이 떨어지고, 남은의 첩 집은 순식간에 불길이 치솟았다. 남은의 첩 집을 둘러싸고 있는 이웃집 세 채도 불길에 휩싸였다.

"이방원이다! 어서 몸을 피해야 된다!"

상황을 파악한 정도전은 허둥지둥 이웃집으로 도망쳤다. 남은도 재빨리 몸을 피했다. 심효생, 이근, 장지화 등은 모두 피살된 뒤였다. 그런데 정도전이 몸을 피한 이웃집은 전 판사 민부의 집이었다.

"우리 집에 배가 불룩한 자가 숨어 들어왔습니다."

민부의 보고에 이방원은 칼을 높이 들었다.

"정도전이 분명하다! 놈을 잡아라!"

이방원의 부하들이 몰려들자, 정도전은 작은 칼을 움켜쥔 채 엉금엉금 기어 나왔다.

"꼭 한마디만 하게 해 주시오!"

겁에 질린 정도전은 이방원에게 매달렸다.

"예전에 공이 나를 살렸으니, 이번에도 살려 주시오!"

1392년 이성계가 세자를 마중하러 갔다가 사냥터에서 크게 다친 일이 있었다. 정몽주는 그 기회를 놓치지 않고,

이성계의 오른팔인 정도전을 유배시켰다. 유배지에서 죽을 날만 기다리고 있던 정도전을 살린 것은 이방원이었다.

정도전은 간절하게 애원했다.

"우리는 한때 학문을 논하고 주상을 도와 조선을 건국했던 혁명 동지가 아니오. 제발 그 정을 생각하여 목숨만은 살려 주시오."

"천하를 호령하던 정도전의 모습은 온데간데없구나. 비록 한때 혁명 동지였으니 지금 나는 공을 살려 주고 싶은 마음이 추호도 없다. 우린 이미 조선이 건국된 뒤에 서로 다른 길을 걸어온 지 7년이 지나지 않았는가. 공은 그동안 끊임없이 나를 죽이려 했던 자인데 어찌 살려 둘 수 있겠는가?"

이방원은 차갑게 말하며 칼을 쳐들었다.

"네가 조선의 봉화백이 되었는데도 부족하더냐? 어떻게 악하기가 이 지경에까지 이를 수 있느냐?"

이방원은 그 말을 끝으로 정도전을 향해 칼을 휘둘렀다.

"으악!"

정도전은 비명을 지르며 그 자리에 쓰러졌다.

창덕궁 영화당
조선 시대 과거 시험장으로 사용되었던 창덕궁의 건물로 숙종 18년에 재건되었다. 영조가 친필로 기록한 현판이 걸려 있으며, 건물 앞쪽에는 '춘당대'라는 마당이 있어 초시에 합격한 응시자들이 마지막 시험을 치른 곳이나 창경궁의 담으로 막혀 있다.

그 일에 대해 하륜이 아니라 방원의 심복 이무가 거짓 무고를 하였을 뿐, 당시 정도전 일파는 그런 음모를 전혀 꾸미지 않았다는 설도 있다. 이방원이 세자와 정도전 무리를 없애기 위한 꾸며진 계략이었다는 것이다.

정도전의 죽음을 알게 된 태조는 큰 충격을 받았다.

"조선 왕조의 밑그림을 그리고 초석을 다져 놓은 1등 공신을 그렇듯 쉽게 죽이다니! 정도전은 임금을 능가하는 공을 세웠던 공신이거늘……. 방석을 세자로 강력하게 추천

했던 것은 배극렴이었고 선택은 내가 했다. 그런데 어찌하여 입을 다물고 있었던 정도전이 그 책임을 모두 져야 한단 말인가."

그러나 이방원은 태조의 분노에도 아랑곳하지 않고 세자 이방석을 멀리 귀양 보내는 척하고 중도에서 살해해 버렸다. 이방번도 같은 방법으로 없앴다.

그것이 '제1차 왕자의 난', '방원의 난' 또는 '무인정사(戊寅靖社)', '정도전의 난'이다. 1차 왕자의 난으로 인해 정도전, 남은, 심효생 등이 제거되었지만, 그 난은 이성계와 이방원의 권력 싸움으로 보기도 한다.

그 사건 이후에 이성계는 이방원의 강권에 의해 이방과에게 왕위를 물려주고 한성을 떠나야 했다.

정종과 황희의 대립

 태조의 뒤를 이어 방과가 조선 제2대 보위에 올랐다. 그가 곧 정종이다.

 "이제는 어떤 유혈극도 벌어져서는 안 된다. 골육상쟁의 유혈극이 있었던 한성을 떠나 개경으로 천도하겠다!"

 정종 원년인 1399년 3월에 정종은 개경으로 천도를 명했다. 정종은 무엇보다 왕실의 내분이 다시 없도록 하기 위해 노력을 기울였다. 패기만만한 이방원의 비위를 맞추려고 애를 썼으며 왕자들에게는 머리를 깎고 절로 들어가게 하거나 가난하거나 권력이 없는 집의 자식처럼 처신할 것을 간곡히 당부하기도 했다.

 황희가 유배에서 풀려나 개경으로 돌아온 것은 1399년

아궁이와 가마솥
아궁이는 불을 피워 열기를 발생시키는 장소다. 주로 부엌 안에 설치되어 있지만 바깥에 설치되기도 한다. 가마솥은 무쇠로 만든 솥으로 삼국 시대 이전부터 사용되었을 것으로 추측된다. 재래식 솥은 네 귀가 달렸고 아가리가 오긋하며, 꼭지가 있는 뚜껑이 있다. 용도에 따라 물솥, 밥솥, 국솥, 쇠죽솥으로 나뉜다.

(정종 1)이었다.

"황희에게 보궐(정6품의 간관) 벼슬을 내린다!"

하지만 이번에도 황희는 1년도 안 되어 정종과 마찰을 빚었다.

"양홍도를 낭장에 임명하고 교첩을 내리려 하니 문하부는 승인을 내리도록 하시오."

하지만 황희를 비롯한 문하부 낭사들이 정종의 명을 거

부했다.

"양홍도의 어미가 김윤택의 여종이라고 하는데, 어찌 천한 종의 자식을 낭장에 임명하려 하십니까?"

정종은 황희를 불러 설득했다.

"그대가 앞장서서 승인을 해 주면 안 되겠소?"

하지만 황희는 단호했다.

"사사로운 감정으로 신하를 임명하신다면 나라의 기강을 어찌 잡을 수 있겠습니까?"

그 일로 정종은 크게 화를 내며 문하부 관리를 모두 폄직하여 좌천시켜 버렸다.

"황희는 물론이고 함께 습유직에 있던 허조도 파면 조치한다!"

황희가 다시 파면되자 주변 사람들은 황희의 대쪽 같은 성품을 크게 우려했다.

"관직 생활이 순탄하지 못한 것은 황희의 완고한 성품 때문이지."

"지나치게 원칙이 강한 성품이라서 그래. 옳지 않다고 여기는 일에는 상대가 비록 왕이라도 결코 물러서는 법이 없어."

"타협할 줄 모르는 성품 때문에 임금의 비위까지 건들고 있질 않은가."

그렇지만 정종은 정무에 별 관심이 없었다. 오직 격구 같은 놀이에 빠져 지낼 뿐이었다.

이미 모든 세력은 이방원에게 쏠려 있었고, 정종은 허수아비 왕에 불과했다.

"형제간의 피비린내는 다시 있으면 안 된다. 내가 여기에서 방원의 뜻을 거스르면 궁궐은 또다시 피바다가 될 것이다."

정사보다 오락에 더 관심을 쏟았던 것은 정종의 보신책인 셈이었다. 그 보신책 덕분에 정종은 우애를 그대로 유지할 수 있었다.

"머잖아 나는 방원에게 왕좌를 양위하고 물러나야 한

다."

정종과 정안왕후는 잠자리에서조차 죽음을 걱정해야 할 정도로 방원을 두려워했다.

"실권 없는 왕과 왕후의 처지가 참으로 비참하구나."

두 사람은 놓인 처지를 몹시 한탄하고는 했다. 정안왕후는 하루빨리 왕좌를 양위할 것을 권하고는 했다.

"왕좌를 양위하는 것만이 목숨을 유지할 수 있는 유일한 길입니다. 후궁들에게 소생이 있지만 정비인 제게 소생이 없으니 왕의 자리에서 편안하게 물러날 수 있습니다. 만일 오래 왕좌를 지키려 하시면 필시 또 한 번 궁궐에서 피비린내가 나고 말 것입니다."

"역사는 보신책으로 목숨을 구걸한 나를 왕으로 대우조차 하지 않을 것이오."

그런데 1400년 정월, 넷째 이방간이 박포와 함께 사병을 동원하여 '제2차 왕자의 난'을 일으켰다. 이방간은 1차 왕자의 난을 성공시킨 이방원이 정략적으로 왕자들의 사병을 혁파할 조짐을 보이자 시기심과 불만을 품고 있었다.

"비록 제까짓 놈이 나라를 세우는데 공을 세웠을지는 모르지만 하룻강아지 범 무서운 줄 모르고 함부로 날뛰다니, 절대 가만두지 않겠다!"

방간은 정종의 뒤를 이어 왕좌에 오를 사람은 바로 자신이라고 믿고 있었지만 조정의 중론이 방원 쪽으로 흐르는 것을 몹시 불안해 했다.

그런데 어느 날 지중추부사 박포가 이방간을 찾아왔다. 박포는 이방원의 심복으로 1차 왕자의 난에서 많은 공을 세웠지만 논공행상 과정에서 1등 공신에 책록되지 못한 것을 불평하다가 이방원의 미움을 사, 죽주에서 귀양살이를 해야 했다.

그런 이유로 이방원을 크게 미워하던 박포는 이방간을 찾아와 이방원을 모략했다.

"이방원이 그대를 죽이려 하고 있는데, 가만히 앉아서 당할 작정입니까?"

박포의 그 말은 이방원에게 불만이 많던 이방간을 자극하기에 충분했다.

"감히 나를 죽여! 형제의 피 맛을 한 번 보더니 이제 눈에 보이는 것이 없는 모양이로구나!"

이방간은 진위를 가려보지도 않은 채 박포의 말만 믿고 사병을 일으켜 난을 일으켰다.

개성 한복판에서 형제간의 치열한 시가전이 벌어졌다. 그러나 이방간은 이방원의 적수가 될 수 없었다. 더군다나 다른 형제들 모두 이방간을 돕지 않고 냉담한 반응을 보이며 오히려 이방원을 지원하고 나섰다. 결과는 이방원의 승리로 끝났다. 이방간은 체포되어 유배당하고 박포는 붙잡혀 사형당하는 것으로 '제2차 왕자의 난'은 막을 내렸다.

그 무렵에 공신들은 대부분 이방원에게 붙어 있었고, 이방간에는 겨우 박포와 장사길 등 두어 공신만 따르고 있었다고 한다. 이방간은 토산으로 귀양 갔다가 병이 들어 그곳에서 숨을 거두었다. 2차 왕자의 난은 1차 왕자의 난보다 훨씬 참혹했다고 한다.

2차 왕자의 난은 정종을 더 불안에 떨게 했다.

참찬문하부사 하륜이 정종을 찾아와 조심스럽게 말을 꺼냈다.

"정안군(이방원)을 세자로 책봉하심이 어떠하시겠습니까? 서둘러 세자를 책봉해야만 나라가 편안합니다."

정종은 하륜 등의 권유를 그대로 받아들였다.

"과인도 서둘러 세자를 책봉하는 것이 옳다고 생각하던 중이오."

정종은 이방원을 세자로 책봉했다.

"이번의 사태를 계기로 문제가 된 사병 폐지를 단행하도록 하겠소!"

사병은 고려 왕조에서 문신이 집권하던 무렵부터 유행했는데, 이성계도 사병을 크게 활용하여 조선 왕조를 세울 수 있었다. 또 1차 왕자의 난에서도 사병의 역할이 컸다. 권근, 김약채 등이 사병 폐지를 강력하게 주장했는데, 무엇보다도 왕자의 난 같은 불상사를 미연에 방지하고, 군대의 지휘 계통을 정비, 일원화하려는 데 뜻이 있었다.

하회 마을 초가촌
경상북도 안동시 풍천면 하회리에 있는 민속 마을. 유성룡 등 많은 고관들을 배출한 양반 고을로, 임진왜란의 피해도 없어서 전래의 유습이 잘 보존되어 있다. 허씨 터전에, 안씨 문전에, 유씨 배판이라는 말대로 최초의 마을 형성은 허씨들이 이룩하여, 하회탈 제작자도 허 도령이었다고 하며, 지금도 허씨들이 벌초를 한다고 한다. 2010년에 세계문화유산으로 지정되었다.

"앞으로 어떠한 경우에도 사병을 둘 수 없다! 또한 각 도에서는 절제사가 관장하는 병력 이외에 어떤 군사도 허용하지 않겠다!"

정종의 사병 폐지 명으로 훈친(나라를 위하여 드러나게 세운 공로가 있는 임금의 친척)들의 세력이 크게 약화되고, 국왕의 대권이 강화되기에 이르렀다.

정종은 퍽 온후한 성품이었다고 한다. 정종의 사병 폐지 명령은 자신의 형제나 후손들이 다시는 각자의 사병을 동원하여 서로 싸우는 일이 없도록 하려는 조치였을 것으로 짐작한다.

11월 11일, 문무백관이 이방원을 찾아왔다.
"왕의 자리에 올라 종묘사직을 돌보소서!"
문무백관은 이방원에게 왕의 자리에 오를 것을 청했다.
"임금은 하늘이 내리는 자만이 오를 수 있는 자리이거늘, 어찌 내가 오른단 말이오?"
이방원은 문무백관의 청을 들어주지 않았다. 하지만 이튿날에는 의정부에서 이방원의 청정을 요구하고 나섰다.
"그대들의 뜻이 그러하니, 하늘의 명으로 알고 받아들이

도록 하겠소."

이방원은 못 이기는 척 왕의 자리를 수락했다.

마침내 정종은 이방원에게 왕좌를 양위하고 상왕으로 물러앉았다. 그때가 1400년 11월이었다.

태종의 시대

태종이 즉위한 지 얼마 안 되어 개경의 수창궁이 큰 불에 휩싸였다.

"즉위하자마자 수창궁이 불타다니! 참으로 불길하구나."

군신들 사이에는 개경이 몹시 불길하다는 말이 떠돌기 시작했다.

"예전에 태상왕(태조)께서 한성으로 도읍을 옮길 뜻을 내비치셨는데, 그 뜻을 받들지 못했다. 지금 태상왕의 뜻에 따라 다시 한성으로 환도하겠다."

태종의 환도 결정을 찬성하는 대신도 많았지만, 반대하는 대신도 많았다.

"한성으로 환도하는 일은 아직은 성급한 일입니다. 상왕

(정종)께서 한성을 버리고 이곳 개경으로 천도하신 지 얼마 되지 않아 다시 한성으로 환도한다면 민심이 크게 흔들릴 것입니다."

"개경과 한성이 아닌 다른 곳으로 천도하는 것이 좋을 것입니다."

대신들의 반대로 한성 환도는 1404년 10월에서야 겨우 결정이 났고, 그 이듬해 10월에 이르러서 환도를 단행할 수 있었다.

태종은 지신사 자리에 있던 박선명을 크게 신임하고 있었다. 그런데 박선명이 사의를 표하자 몹시 난감해 했다.

"지신사 자리는 왕의 기밀을 소상히 알고 있는 유일한 자리가 아니오. 중요한 사안에 대해 모두 조언하는 중책인 만큼 몸가짐은 물론이고 언사에도 신중에 신중을 기할 줄 아는 자만이 그 자리를 맡을 수 있소. 그대는 오랫동안 왕명의 출납을 맡아 기밀을 관장해 온 충신인데 이렇듯 사의를 표하면 누가 그 자리를 잇는단 말이오? 경과 같은 사람

쪽머리
삼국 시대부터 내려온 출가한 여자의 머리 모양. 혼인 전에는 머리를 길게 길러 양쪽 귀밑머리를 땋고 다시 한 묶음으로 땋다가, 혼인을 하면 귀밑머리를 풀어 길게 하나로 땋아 뒷목에서 틀어 올려 비녀를 꽂는다. 머리 모양으로 미혼과 기혼을 구별한 제도는 삼국 시대부터 조선 후기까지 계속되었는데, 대개 얹은머리를 많이 하였다.

을 대신 천거한다면 모를까, 절대 있을 수 없는 일이오."

태종의 말에 박선명이 대답했다.

"황희를 불러 그 일을 맡기시면 크게 도움을 받으실 것입니다. 그는 학문이 깊을 뿐만 아니라 특히 인품이 어질기로 소문이 자자한 인물입니다."

태종은 박선명의 말대로 황희를 도평의사사로 승진시켰다. 그때가 39세 때의 일이었다.

지신사는 왕의 기밀을 가장 소상히 알고 있고, 중요한 사안에 대해서는 모두 조언해야 하는 중요한 자리였다. 또한 조정 대신들의 일거수일투족을 자세히 살펴서 인사 행정에 도움을 줘야 했다. 그만큼 막중한 자리였기 때문에 지신사는 맡은 사람이 중압감에 시달릴 수밖에 없었고, 대신들은 가급적 그 자리를 맡지 않으려 했다고 한다.

"과인이 박선명을 오래 곁에 두고 지신사 자리를 지키게 했던 것처럼 그대도 그 자리를 오래도록 지켜야 할 것이오."
태종은 지신사 업무를 충실하게 해내는 황희의 업무 능력을 높이 샀다.
"황희는 결코 자리나 탐하는 인물이 아니다. 그의 충직

성은 어느 누구도 흉내 낼 수 없는 행동이다. 또한 일에 대한 의욕과 능력도 뛰어난 사람이니 조선을 위해 하늘이 내린 충신이 분명하질 않은가."

황희는 새로운 직위에 나아가면 늘 업무를 소상히 파악하여 정통해졌고 필요하고 적절한 사업을 찾아 추진해 나갔다.

"황희는 총명한 자질에 열심히 공부하여 식견을 넓혔고, 성실한 자세로 관력을 쌓으며 기량을 갈고 닦으니 어떤 일을 맡겨도 그 내용을 소상히 알아 능숙하게 처리하는 사람이지."

"어디 그뿐인가. 황희의 너그럽고 후한 성품은 절로 믿음이 가고 의지가 되지."

조정의 대신들도 황희의 능력을 높이 평가했다.

황희 또한 태종에 대한 남다른 평가를 하고 있었다.

"그분은 걸출한 인물이고 영매한 군주다. 정도전 등이 방석을 세자로 삼아 자신을 소외시키자 왕자의 난을 통해 그들을 거세시키고 끝내 왕위에 올랐지만 꾸준히 왕권 강화책을 쓰고 문물제도를 정비하여 새 왕조의 확립을 이룩하는 데 탁월한 능력을 지닌 군주다."

태종은 황희를 4년 동안 지신사 자리에 있게 했다.

태종은 모든 기밀을 황희로 하여금 대부분 총괄하게 하였고, 하루 이틀만 보이지 않아도 반드시 불러서 친견할 정도였다.

"이 일은 오직 나와 경만이 아는 일이니 만약 누설된다면 경이 아니면 나 때문일 것이오."

태종은 황희에게 그런 말을 하고는 했다.

태종은 황희를 무척 총애하여 항상 대동하였다고 한다. 황희가 단 하루라도 보이지 않으면 사람을 보내 오라고 했으며, 기어코 면대해야만 얼굴이 밝아졌을 정도였다고 한다.

황희는 4년 동안 지신사직을 수행한 뒤에 1409년 12월

6일에 승정원에서 벗어나 형조판서에 제수되었다. 그리고 불과 2개월 뒤에는 지의정부사로 자리를 옮겼다.

"비록 형조판서를 두 달 동안 거치긴 했지만 지신사에서 지의정부사로 승격한 것은 파격적인 인사 조치야."

"황희나 되니까 가능한 일 아니겠어?"

하지만 태종은 황희를 한직인 지의정부사직에 오래 두지 않고 그해 7월에 사헌부 수장인 대사헌에 임명했다.

태종은 즉위 후, 군사 제도를 정비해 국방을 강화하고, 토지조세제도의 정비를 통해 국가 재정을 안정시켰다. 또한 노비제도를 새롭게 정비하고 신문고 등을 설치하여 억울한 일을 당한 백성이 자유롭게 청원하도록 하여 새로운 사회정책으로 민심을 수습하였다. 또한 단군, 기자 등을 국가적인 규모의 사전(祀典)에서 대사(大祀) 다음가는 제사인 중사(中祀)로 승격시키는 등 개인적인 자연 신앙을 국가 신앙으로 이끌면서 민족 신앙을 유교 속으로 끌어들이려 노력했다. 대의정책 또한 안정을 도모하는 방향으로 이끌었다.

"명에 대해서는 상국의 예를 갖춰 조공을 하는 대신에 서적, 약재, 역서 등을 수입하여 실리를 취하는 동시에 변방을 안정시키도록 하라!"

그런데 명나라에서 황엄이란 사신이 조선을 찾아왔다. 황엄은 조선에 무리한 조공을 요구했다.

"아름다운 처녀 15명을 뽑아 명나라 황제에게 바치도록 하라!"

조정에서는 그 일을 두고 골머리를 앓아야 했다.

"명나라에서 요구하는 대로 하지 않았다가는 어떤 보복을 당할지 모르는 일이고 그렇다고 요구를 들어줄 수도 없는 일 아닌가."

"전국 방방곡곡에 방을 써서 명나라로 가겠다는 처녀를 구하는 것이 어떻겠소?"

결국 조정에서는 처녀를 구한다는 방을 방방곡곡에 써 붙였다. 그러나 모인 처녀는 고작 서너 명에 불과했다.

"제아무리 명나라 황실로 들어가 편안하게 산다고 해도 어떤 처녀가 부모 형제 떠나서 공녀로 갈 생각을 하겠는가."

"할 수 없이 지원한 처녀들만 명나라로 보낼 수밖에 없을 것 같습니다."

그런데 명나라 사신은 처녀들을 보고 불같이 화를 냈다.

"예쁜 처녀를 뽑아 놓으라고 했지 저렇게 미운 처녀를 골라 놓으라고 했소?"

"지원한 처녀들이 더는 없었기 때문이오."

"누가 지원하는 처녀를 뽑으라고 했소? 예쁘게 생긴 처녀를 뽑으라고 했지? 황제의 명을 거역할 셈이오?"

명나라 사신은 화를 내며 처소로 돌아가 버렸다. 그러자 황희가 나섰다.

"제가 명나라 사신을 만나 이곳 조선의 사정을 말해 보도록 하겠습니다."

황희는 태종의 승낙을 받고 명나라 사신을 만나러 갔다.

처마에 매달아 놓은 곡식들
우리 선조들은 추수가 끝나면 다음 해 심을 씨앗을 처마 끝에 매달아 말리고는 했다.

"명나라는 대국이 아닙니까? 별것도 아닌 일에 그리 노여워하신다면 대국의 체면이 많이 손상될 것입니다."

황희가 정중하게 말하자 사신이 대꾸했다.

"우리가 원한 조선 처녀는 열다섯 명이오. 그런데 어찌하여 그 약속을 어긴 것이오?"

"우리는 열다섯 명의 처녀를 뽑겠다는 약속을 한 적이

없습니다. 명나라에서 일방적으로 요구한 것뿐입니다. 세상의 어느 부모라도 제 딸이 공녀로 끌려가 먼 타국에서 외롭게 살기를 원하지 않을 것입니다. 애써 키운 딸을 명나라로 보내 놓고 조선에 남아 슬퍼할 부모와 형제의 슬픔을 헤아려 보셨습니까?"

황희의 간곡한 말에 사신은 입을 다물었다.

"부디 명나라로 돌아가 우리 조선의 처지를 잘 설명해 주시고 황제의 노여움을 풀어 주십시오."

"알겠소. 그대의 청이 참으로 간곡해 빈손으로 돌아가도록 하겠소."

명나라 사신은 마음을 돌리고 본국으로 돌아갔다.

"일이 이렇게 쉽게 해결되다니, 참으로 기쁜 일이오."

태종은 몹시 흡족해 했다.

대사헌 자리에 있던 황희가 병조판서로 자리를 옮긴 것은 1년 뒤인 1411년 7월 20일이었다. 그런데 1413년 3월 20일, 명나라에서 일본 정벌 계획을 전해 왔다.

"일본의 새 왕은 무도하게도 부왕의 영정을 벽에 걸어 놓고 송곳으로 그 눈을 찔러댄다고 한다. 또한 새 왕의 부왕은 사대정책을 충실히 이행했는데, 지금의 일본 왕은 우리 명나라에 대한 사대를 거부하고 왜구들이 명나라의 도서 지역을 노략질하는 것을 부추기고 있으니 도저히 용납할 수 없는 일이다!"

명나라의 일본 정벌 계획은 조선 조정에 엄청난 파장을 일으켰다.

"모두 입단속을 철저히 하도록 해야 된다. 지금 한양에는 조선에 파견된 일본 관리가 많이 살고 있는데, 그들 귀에 명나라의 일본 정벌 계획이 들어가면 우리 조선이 명나라의 기밀을 빼서 일본에 빼돌린 꼴이 된다."

황희는 대신들의 입단속을 철저히 했다. 문제는 그것만이 아니었다.

"명나라가 일본을 정벌하면 반드시 조선 땅을 거쳐 가야 한다. 이는 조선 땅이 명나라 군사의 발아래에 놓인다는 뜻이 된다. 그렇게 되면 우리 조선이 땅을 빌려 주는 꼴이 되어 일본과의 관계가 극도로 나빠질 수밖에 없다."

병권을 쥐고 있던 황희는 서둘러 군대를 점검했다.

"군함과 무기를 재정비하도록 하고, 녹슨 무기를 남김없이 찾아내어 갈고 닦도록 하라!"

다행히 명나라의 일본 정벌은 더 이상 진전되지 않았다. 그 뒤에 황희는 예조판서로 자리를 옮겼다.

그 무렵에 태종은 한 가지 일로 골머리를 앓고 있었다.

"지금 우리 조선에는 종모법으로 인해 천민이 너무도 많으니 큰일이 아닌가."

종모법은 여종이 양인에게 시집을 가서 자식을 낳으면 그 자식은 어머니의 신분을 따라 천민이 되는 제도였다. 반대로 종부법은 양인인 아버지의 신분을 좇아 천민의 어머니에게서 태어났어도 양인이 될 수 있었다.

"지금 시행되고 있는 종모법으로 양인이나 양반의 자녀들이 그 어미의 신분을 좇아 관노나 사노가 되고 있어 날로 천민이 늘고 있습니다. 서둘러 종부법을 시행하는 것이 당연합니다."

태종은 황희의 의견에 따라 결국 종부법을 선포했다.

"황희 덕분에 천민이었던 우리가 양민이 되었구나!"

"천민으로 전락한 우리 신세를 하루아침에 양인으로 바꿔 주다니, 황희는 하늘이 내린 인물이로구나!"

양녕대군을 보호하려는 황희

 황희는 죽음을 각오하고 상소를 올리는 사건이 생겼다. 바로 민무구 형제를 처벌해야 한다는 상소였다.

 태종의 왕후 민씨는 태종이 왕위에 오르도록 내조한 동지이자 1등 공로자였다. 제1차 왕자의 난 때에 정도전이 사병을 혁파했지만 몰래 병장기를 숨겨 놓았다가 내놓은 것도 민씨였고, 우물쭈물하는 남편을 말에 태워 거사를 성공시키도록 한 것도 민씨였다. 그러나 민씨는 이방원 못지않게 강한 성격을 지녔고, 태종이 왕위에 오른 후에는 후궁 문제로 갈등이 심했다.

 "한 나라의 보위를 책임지는 분이 어째서 그렇듯 색을 가까이하십니까? 즉위와 동시에 계속해서 후궁을 들이셨

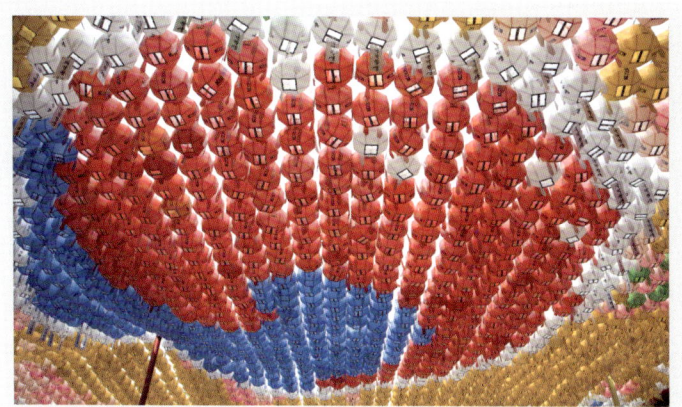

사월 초파일 연등 행사
사월 초파일 풍속은 신라 때 농사 기도와 국가 발전을 기원하던 예술제 성격의 연등(燃燈會) 행사로부터 그 유래를 찾을 수 있다. 고려 시대에 들어와 초파일은 궁중의 팔관회와 함께 민간의 행사로까지 확대되어 국가적 차원의 성대한 불교 의식으로 자리 잡게 되었다. 조선 시대에 들어와서는 초기에 왕실에서 연등회를 베풀기도 했지만, 그 후로 국가적인 행사는 사라지고 민간에서 세시 풍속으로 전승되었다.

고, 이제 후궁의 숫자는 열 명이나 됩니다. 이 궁궐 안을 후궁으로 가득 채우실 작정이십니까?"

왕후는 종종 그런 일로 태종을 몰아세웠고, 태종은 민씨가 투기가 심하다며 못마땅해 했다.

그런 데다 양녕이 세자로 책봉된 뒤에 민씨의 친정 동생인 민무구, 민무질이 조정의 세력을 손아귀에 넣고 함부로 권세를 부려서 큰 문젯거리가 되었다. 세자인 양녕은 어린 시절을 외가에서 보냈는데, 그 탓에 외삼촌들과 친했다. 양녕을 등에 업고 민씨 형제들의 세력이 날로 강해지자 대신들도 민씨 형제들에게 기울어져 있었다.

"민씨 형제를 놔두었다가는 이 나라가 다시 위태로워진다. 외척을 그대로 두어서는 안 되겠구나."

당시 형조판서로 있던 황희는 죽음을 각오하고 민씨 형제를 처벌해야 된다는 상소를 올렸다. 원경왕후가 버티고 있고, 민씨 형제의 세력은 어느 누구도 함부로 건들지 못할 정도로 막강한데도 황희는 죽음을 무릅쓰고 상소를 올린 것이다.

그러나 외척의 폐단을 염려하고 있던 태종의 심중과 조정의 인심이 이미 민씨 형제를 견제하고 있던 중이었고, 태종은 황희의 상소를 계기로 민씨 세력을 없앨 방법을 찾았다.

"어떤 방법으로든 세자와 민씨 형제를 떼어 놓아야 한

다."

 태종이 택한 방법은 선위 파동이었다.

 "오늘 당장 세자에게 왕위를 물려 줄 것이다!"

 1406년 태종은 느닷없이 양녕에게 왕위를 넘기겠다고 선언했다. 이유는 부엉이가 밤에 근정전 위에서 울었다는 것 때문이었다.

 "내가 덕이 없어 하늘이 노한 징조가 분명하니 왕좌에서 물러나 조용히 지내도록 하겠다."

 부엉이가 우는 것이 그리 이상할 일도 없는데 태종은 굳이 그것을 재앙으로 인한 변고라며 선양의 뜻을 밝힌 것이다. 신하들은 크게 당황해 했다.

 "이게 무슨 변고인가?"

 "어제까지 아무 말씀 없으셨는데 어째서 하룻밤 사이에 왕위를 넘기겠다고 선언하시는 건가?"

 조정은 발칵 뒤집혔지만 신하들은 태종의 속셈을 대충 짐작하고 있었다.

"신하들의 충성심을 확인하려는 것이 분명하다."

군신들은 선위는 절대 불가하다는 상소를 올렸다.

그러나 민무구 형제는 계속 소극적인 자세를 취했다.

"언젠가 물려 줄 자리라면 지금이 가장 좋은 기회일 수 있지."

"양녕대군께서 왕위를 물려받으면 우리 민씨 집안은 임금의 외가가 되는 것이니 얼마나 큰 영광인가."

민씨 형제는 태종의 덫에 걸려들고 만 것이다. 선위 파동이 슬그머니 조용해지자 태종 7년 7월에 영의정부사 이화 등이 민씨 형제의 처벌을 청하는 상소를 올렸다.

'민무구, 민무질 등은 지난 해에 전하께서 장차 내선하고자 할 때 온 나라의 신하와 백성이 마음 아프게 생각하고 있는데도 스스로 다행하게 여겨 기뻐하는 것을 얼굴에 나타냈습니다. 전하께서 많은 사람의 기대를 좇아 복위하자 온 나라의 신하와 백성이 기쁘게 여기는데도 이들은 도리어 이를 슬프게 여겼습니다. 이는 대개 어린아이를 끼고 위복을 마음대로 하고자 한 것으로 불충한 자취를 드러낸 것입니다.'

이화의 상소에 맞춰 조정에서는 민무구 형제 행동을 강하게 비판하기 시작했다.

"양녕대군을 등에 업고 권세를 누리려는 민무구 형제를 그냥 둬서는 안 될 일입니다."

"만약 양녕대군께서 보위에 오르신다면 민무구 형제는 모든 권력을 손에 들고 임금 자리마저 위태롭게 할 것입니다."

민씨 형제는 태종에게 '세자 이외에는 왕자 가운데 뛰어난 재능 있는 자가 없어도 좋다.'고 말한 적이 있었다.

"왕자들 중 뛰어난 재능을 지닌 자가 많으면 반드시 난을 일으킬 것이라는 뜻이겠지."

태종은 민씨 형제 말을 들으며 몹시 불쾌해 했다.

"그럴듯한 말이지만 듣기에 따라 세자인 양녕대군이 즉

수원 화성
조선 후기 정조 때인 1794년 착공하여 1796년 9월 10일에 준공되었다. 억울하게 세상을 떠난 아버지 사도세자를 기리기 위해 그 무덤을 최고의 명당 터로 옮긴 정조는 그 인근에 신도시인 화성을 건설했다. 기존에 화강암으로 쌓았던 방식을 버리고 벽돌로 쌓는 축성 공사에는 정약용이 고안한 거중기가 사용되었다.

위한 후 궁궐에서 피바람이 불지도 모른다는 의구심을 낳기에 충분한 말이다."

태종은 황희를 시켜 그 사건을 자세히 조사하게 했다. 그리고 민씨 형제를 숙청하는 일을 아예 황희에게 맡겼다.

황희는 태종의 명을 받고 비밀리에 몇몇 대신들과 상의를 했다.

"왕비와 동기간이고 임금의 처남인데다 왕자의 외숙이

란 힘을 등에 업고 권력을 함부로 휘두르는 민씨 세력을 조정에서 몰아내지 않는다면 장차 나라가 큰 소용돌이에 휘말리고 말 것이오."

막강한 힘을 가진 민씨 형제를 탄핵하는 일은 결코 쉬운 일이 아니었다.

그러나 황희는 민씨 형제를 모두 잡아들이게 했고, 드디어 심문이 시작되었다.

민씨 형제의 죄목은 협유집권, 즉 어린 세자를 끼고 권력을 잡으려 했다는 것이다.

또한 세력을 잡기 위해 어린 세자를 제외한 모든 대군을 죽이려 했다는 죄도 추가되었다.

"민씨 형제는 어린 세자를 끼고 권력을 잡으려 했으며 세자를 제외한 다른 대군을 죽이려 했다!"

얼마 후, 민무구 형제는 모두 유배를 떠났다. 민무구 형제가 유배를 가게 된 것은 그 형제의 아버지인 민제가 제안한 일이었다.

"그대로 뒀다가는 유배형이 아니라 극형에 처해질 것이다."

민제는 서둘러 손을 썼고, 네 형제는 간신히 극형을 면하고 유배를 떠났다.

그러나 민무구를 탄핵했던 이화, 하륜, 이숙번* 등 많은 대신들은 그 정도에서 끝낼 수는 없는 일이었다.

"양녕대군이 왕위에 오르게 되면 민무구 형제는 다시 한성으로 돌아와 권력을 쥐게 된다. 그렇게 되면 당연히 복수를 하게 될 것이고 탄핵에 가담한 사람을 찾아내어 대거 숙청할 것은 불 보듯 뻔한 일이다."

그들은 민씨 형제를 극형에 처할 것을 계속 상소했다. 그런데 그런 와중에 여흥부원군 민제가 숨을 거두었다. 민씨 편에 섰던 이무, 조희민, 강사덕 등은 자구책을 강구하기

이숙번은 1398년 안산군지사로 있을 때 이방원을 도와 경복궁에 병력을 출동시켜 정도전·남은·심효생 등을 제거하는 등 제1차 왕자의 난에 공을 세워 정사공신 2등에 책록되고 안성군에 봉해졌으며, 우부승지에 임명되었다. 뒤에 여러 군사 요직을 두루 거친 뒤 1413년에 병조판서가 되었다. 1415년 안성부원군에 봉해졌지만 자신의 공이 워낙 큰 것에 자만하자 탄핵을 받아 1417년 경상도 함양에 유배되었다. 세종 때 『용비어천가』를 짓게 되자 개국 초의 사실을 자세히 알고 있다 하여 편찬에 참여했으나, 편찬이 끝나자 다시 유배지에 보내져 그곳에서 죽었다.

위해 은밀하게 유배 중인 민씨 형제와 연락을 취했다. 하지만 그 일이 사전에 발각되고 말았다.

"감히 나를 향해 반역을 꾀하려 했던 말이냐!"

"민씨 형제 모두 제주도로 유배 보낸 뒤에 그곳에서 자진하도록 하라!"

태종은 민씨 형제들에게 자진 명령을 내리고, 처자도 모두 변방으로 내쫓아 버렸다.

겉으로 보기에는 민씨 집안의 몰락은 민무구 형제들이 어린 세자 틈에 끼어 집권을 획책하려 했다는 혐의였지만 진짜 원인은 태종과 왕후 사이의 불화인 셈이었다.

사건은 계속 꼬리를 물고 일어났다.

목인해가 태종의 둘째 사위인 조대림의 모반 무고 사건을 일으켰다. 목인해는 고려 우왕이 기녀와 관계하여 태어났다. 이방간과 박포 일당을 물리치는 데 공을 세우고 이방원의 눈에 들어 호군의 자리에 올랐다. 여동생이 남편의 3년상도 채 치르기 전에 상호군 김만수에게 재가시켜 탄핵을 받는 등, 출세에 대한 욕망이 강한 인물이었다. 그런데 자신의 출세를 위해 태종의 부마인 조대림이 역모를 꾀했다고 조작했던 것이다. 조대림은 억울한 누명을 쓰고 체포되어 옥에 갇혔다.

태종은 반란이 일어났다는 소식을 듣고 즉시 황희를 불러들였다.

"평안군(조대림)이 난을 일으켰다고 하오. 방비를 튼튼히 하고 반란에 대비하시오."

그 말에 황희가 물었다.

"주모가 누구입니까?"

"조용이라고 하오. 평안군의 지시를 받고 반역을 일으켰다고 했소. 목인해가 사전에 그 사실을 파악해서 일단 큰 사태는 수습했소."

"결코 그렇지 않을 것입니다. 다른 사람은 몰라도 조용에 대한 됨됨이를 신이 누구보다 잘 알고 있습니다. 그 사람은 아비나 임금을 죽일 마음을 품을 사람이 결코 아닙니다. 즉시 목인해를 옥에 가두고 조대림을 풀어 주십시오."

"어째서 반란을 일으킨 조대림을 풀어 주고 반란을 진압한 목인해를 체포하라는 것이오?"

"목인해는 출세욕이 강한 인물입니다. 누구보다 전하의 사위인 조대림이 반란을 일으켰다고 하면 자신의 공이 높이 평가될 것이라 여기고 무고한 조대림에게 죄를 뒤집어씌운 것입니다."

태종은 황희의 말을 듣고 형조에 영을 내려 목인해를 문초하게 했고, 조대림은 아무런 죄가 없고 목인해의 모함이었다는 것이 밝혀졌다.

"경은 참으로 밝고 어진 신하요. 하마터면 죄 없는 내 사위를 억울하게 죽일 뻔했소."

태종은 안도의 한숨을 내쉬었다.

조정에서 민씨 세력을 몰아내고 목인해의 반란 사건을

다스린 후, 황희에 대한 태종의 신뢰는 대단했다. 1409년(태종 9) 황희는 47세의 나이로 공조판서가 되었고, 태종 11년에는 병조판서에 올랐다. 그런데 황희가 병을 얻어 매우 위급한 상황에 놓였다.

"당장 내의 김조를 황희에게 보내도록 하고 하루에 서너 차례씩 차도를 보고하도록 하라!"

태조는 황희의 병을 몹시 걱정했다. 그리고 얼마 후 황희의 병이 완치되자 김조를 불러 공을 치하했다.

"이 사람이 성실하고 정직하니 참으로 재상이다. 그대들이 능히 병을 치료했으니 내가 매우 기쁘게 여긴다."

황희는 47세에서 56세에 이르기까지 육조의 판서를 두루 역임하면서 많은 업적을 남겼다.

첫째, 농사 개량에 유의하여 곡식 종자를 배급하였고, 각 도에 명령하여 뽕나무를 많이 심게 하여 의생활의 만전을 기하게 했다.

둘째, 경제육전을 의논하여 결정하였다. 즉 나라 경제의

방화수류정
경기도 수원시 동북쪽에 있는 정자. 조선 정조 18년(1794)에 세운 것으로 건물이 아름답고 조각이 섬세하여 근세 한국 건축 예술의 대표작으로 꼽는다. 수원 화성을 이루고 있는 4개의 각루 중 하나이며 수원 팔경 중 하나다. 방화수류정이란 '꽃을 찾고 버들을 쫓는 정자'라는 뜻이며 중국 송나라 때의 시인이었던 정명도의 시에서 따왔다.

발전을 꾀하고 백성의 생활 향상을 위해 많은 노력을 기울였던 것이다.

셋째, 국방 문제 중에서도 특히 북쪽 오랑캐의 침범이 잦았으므로 방어책을 강구했다. 그러는 한편 병조판서로 있을 때는 각도에 있는 군사와 군수 물자를 하나하나 조사하고 챙겨서 유사시에 대비하도록 했다.

넷째, 예법을 30여 가지 고치는 데 앞장섰다. 예법 중에서 모순된 점이나 현실과 동떨어진 것들은 모두 고려해서 새로운 예법과 음악에 대한 제도를 제정했다. 그 중에서도 인권을 존중하여 첩의 몸에서 태어난 자식이라도 천한 일을 하지 않아도 되게 했다.

그러나 1416년(태종 16), 황희는 다시 큰 시련을 겪게 되었다.

태종이 마흔도 안 된 시절부터 네 차례나 선위 표명을 했는데, 그것은 외척 세력의 힘을 약화시키고 동시에 신하들의 충성도를 시험하기 위함이었다.

"몸이 노쇠하고 건강에 문제가 생겨 더는 국정을 돌볼 수가 없으니 세자에게 왕위를 물려주도록 하겠다!"

그러나 태종의 본뜻은 왕권 행사에 저해 요소가 되는 외척 세력을 약화시킨 뒤 자신이 일찍 상왕으로 물러앉아 왕이 성장할 때까지 왕권을 보호하고 왕이 정사를 제대로 처리할 능력이 생기면 권력의 마지막 보루인 군정의 안정에 주력하려는 계획을 갖고 있었다.

"사람의 목숨이란 언제 끊어질지 모를 일이다. 내가 급작스럽게 왕권을 둘러싼 권력 다툼이 일어나지 않도록 해야 한다."

그렇듯 태종은 왕권 안정에 강한 의지를 보였지만 양녕은 태종의 우려와 전혀 상관없이 행동했다. 글공부에는 뜻이 없고 엉뚱한 짓만 골라 하며 태종과 신하들에게 회의감을 품게 했다.

양녕은 궁중을 몰래 빠져나가 풍류 생활을 즐겼을 뿐 아니라 엄격한 궁중 생활에도 잘 적응하지 못했다.

"군왕이 지녀야 할 덕행을 쌓지 못한다면 장차 이 나라를 어찌 다스리겠다는 것이냐?"

태종은 수차례에 걸쳐 양녕을 불러 벌을 내리며 덕행을 쌓도록 가르쳤지만 양녕은 태종의 요구에 조금도 부응하지 못했다.

"전하의 마음이 양녕대군에게서 떠나고 있질 않은가."

"14년 동안 세자 자리에 있던 양녕대군을 폐위하고 충녕대군을 세자로 책봉할 것 같은 조짐이 보이는구나."

 태종의 마음이 양녕에게서 떠났음을 간파한 신하들은 세자를 폐하자는 의견을 내놓았다. 1418년 유정현 등의 청원으로 마침내 양녕 폐위 문제가 거론되기 시작했다.

 "전하, 왕세자는 장래의 임금이 될 위치에 있는 분입니다. 경솔하게 바꾸어서는 절대 안 될 일입니다."

 황희는 또다시 죽음을 무릅쓰고 세자 폐위를 반대했다.

 "건국 초에 태조께서 세자를 잘못 세워 골육상쟁의 비극을 초래한 것처럼 세자를 바꾸는 것은 공연한 화를 자초할 수 있습니다. 그로 인해 전하께서도 보위에 오르기 전에 많은 피해를 보시지 않았습니까. 또한 지금부터라도 적장자 승계의 전통을 엄중히 세워 나가야 향후 왕위 계승과 관련하여 발생할 수 있는 말썽을 차단하는 본보기가 되어 국가 백년대계의 기틀을 튼튼히 할 수 있습니다. 그리고 세자가 아직 나이가 어리나 근본이 영리하고 총명하니 제대로 훈육한다면 충분히 군왕의 자질을 갖출 수 있습니

다."

 황희는 간곡하게 주장했지만 태종은 몹시 화를 냈다.

 "지난날 외척인 민씨 세력의 제거에 앞장섰다가 이제 민씨 세력과 가까운 세자 양녕대군 편에 붙어서 민씨와의 원한을 풀고 뒷날의 영화를 도모하려는 것이 분명하구나!"

 정치적 감각이 예민한 태종은 황희의 주장을 그렇게 받아들였던 것이다.

 "당장 황희를 공조판서로 좌천시켜라!"

 태종은 황희를 공조판서로 좌천시키고도 배신감을 떨치지 못했다. 결국 1417년 2월 22일에 평안도 도순무사로 내쫓았다. 그 뒤, 황희는 10개월 동안 외직 생활을 해야 했다.

 "배신감으로 황희를 외직으로 내쫓았지만, 그 사람만한 인재가 없질 않은가. 황희만큼 여러 정치 현안을 고루 꿰고 있는 신하가 없으니 아쉽기만 하구나."

 결국 태종은 그해 2월에 황희를 형조판서에 임명하고 다시 조정으로 불러들였다. 하지만 태종은 이미 양녕대군을 세자에서 폐하고, 충녕대군을 세자로 책봉할 결심을 굳히고 있었다.

"양녕을 폐세자하는 마당에 양녕을 비호하는 황희를 조정 요직에 앉혀 둘 수가 없구나."

태종은 황희의 대쪽 같은 성품을 잘 알고 있었다.

"조정에 있으면서 양녕을 폐세자하면 황희가 결코 가만 있지 않을 것이다. 그렇게 된다면 또 한 번 황희를 내쳐야만 한다."

태종은 황희를 보호할 방법을 찾았다. 그리고 한 달 뒤인 1418년 1월에 황희를 판한성부사로 내보냈다.

"황희는 판한성부사직을 충실히 수행하며 조정의 일에는 관여하지 말도록 하라!"

그해 6월 태종은 드디어 양녕을 폐하고 광주로 귀양 보냈다. 그리고 충녕대군을 세자로 책봉했다.

양녕의 폐세자 사건과 관련하여 야사에는 실록의 기록과 다른 이야기가 많이 전해 온다. 양녕은 태종의 마음이 충녕에게 있다는 것을 파악하고 고의적으로 패륜을 저지르는 등 태종의 노여움을 자초했다는 것이다. 일설에는 양녕이 부왕 태종과 모후가 충녕에게 세자 자리를 내어 줄 방안을 모색하는 소리를 엿들은 뒤부터 일부러 미치광이 노릇을 했다는 말도 있다. 스승이 처음 오는 날 그 앞에서 개 짖는 소리를 내는가 하면, 공부 시간에도 동궁 뜰에 새덫을 만들어 새 잡기에 열중하고 조정의 하례에 참석하기 싫어 꾀병을 부리기도 했다. 궁궐을 월장해 기생집을 내 집처럼 드나드는가 하면 남의 소실을 낚아채기도 했다. 심지어 여염집 처녀를 납치해 강간하기도 했고 기생을 동궁전으로 들여 임신시키기도 했다.

"양녕대군을 두둔한 황희를 그대로 두어서는 안 될 일입니다."

"개인의 영달을 위해 양녕대군을 비호해 온 황희의 죄를 심문하고 크게 다스리는 것이 마땅합니다."

대간과 형조에서 황희의 죄를 물을 것을 주장했지만, 태종은 못 들은 척했다.

"황희는 양녕이 폐세자 되기 전에 이미 판한성부사로 내려가질 않았소. 이제 와서 무슨 죄를 또 묻는단 말이오?"

전통 혼례 상차림
예식을 올리기 위해 신부 집 안채 대청 또는 마당에 초례청을 만든다. 초례청에는 병풍을 치고 동뢰상(교배상, 대례상이라고도 한다)을 남향으로 하고 좌우에 촛대 한 쌍을 놓는다. 상 위에는 붉은 색 초를 꽂은 촛대 한 쌍을 놓고, 용떡, 대추, 밤, 대나무 청솔가지를 꽂은 화병을 각각 2개씩 올린다. 그리고 수탉은 동쪽, 암탉은 서쪽에 배열한다. 상 앞에는 합근례에 쓰기 위해 소반을 놓고 그 위에 청실홍실을 맨 술잔과 주전자, 젓가락을 놓는다. 그 앞에 화문석을 펴고 동서로 방석을 놓는다.

태종은 양녕의 폐세자 문제로 황희에게 책임을 묻지 않을 수 없었지만, 더는 황희를 힘들게 하고 싶지 않았던 것이다.

"황희를 교하로 보내어 노모를 모시며 지내게 하라!"

태종이 황희를 한양에서 가까운 교하로 보낸다는 명을 내리자, 조정 대신과 대간들이 벌 떼처럼 일어났다.

"어찌하여 황희를 감싸고도십니까? 상벌을 공정하게 처리하지 않는다면 어느 누가 법을 따르겠습니까?"

"임금도 사사로운 정을 앞세워 법을 고칠 수는 없습니다!"

"공과 사를 엄격히 구분하십시오!"

대간과 대신들의 완강한 요구가 빗발쳤지만, 태종은 오히려 교하로 황희의 생질인 오치선을 보내어 위로했다.

"경은 비록 경은 아니지만, 나는 공신으로 여기고 있다. 그러하니 경을 하루라도 못 보면 반드시 불러 좌우에서 떠나지 못하게 하고 싶다. 하지만 지금 조정의 대신과 대간들이 경을 벌줄 것을 청하며 한양과 개성 사이에서 머물게 해서는 안 된다고 주장하고 있다. 그런 탓에 경을 고향인 교하에 있게 하는 것이니, 경은 노모와 더불어 편안하게 지내도록 하라."

오치선으로부터 태종의 말을 전해 들은 황희는 눈물을 흘리며 말했다.

"살가죽과 뼈는 부모가 준 것이지만, 입고 먹고 하인을 부리는 것은 모두 임금의 은덕인데, 어찌 백성된 자로 그 은덕을 배반하겠는가. 정말 다른 마음은 없었다."

오치선은 황희의 말을 태종에게 전했다.

"황희의 마음을 천 번 만 번 헤아린다. 하지만 이미 시행한 것이니 어쩔 수가 없구나."

태종은 사헌부에 명하여 황희를 절대 압송해서는 안 된다고 당부했다.

황희의 귀양 생활은 만 4년 동안 계속되었다. 그러나 결코 좌절하지 않고 근신하는 자세를 견지하면서도 앞날에 대비하였다. 태종에게는 자연스러운 경로로 임금의 은덕을 배반했음을 사죄하면서 자신에게 다른 마음이 없었음을 분명히 했다. 그러는 한편 문을 닫고 손님을 사절하여

서 가까운 친척이나 친구들도 황희 얼굴을 거의 볼 수 없을 정도였다.

세종과 황희가 만든 세상

1419년 8월, 태종은 마침내 세자인 충녕대군에게 왕위를 물려주었다.

그 임금이 곧 조선 제4대 임금인 세종이다.

태종은 오래 전부터 병석에 누워 지내는 날이 많았다. 태종은 자신이 살날이 얼마 남지 않았음을 직감하고 세종을 불렀다.

"황희를 다시 불러들이시오. 비록 양녕대군을 두둔하다 쫓겨났지만 그는 하늘이 내린 충신이오. 내가 황희를 벌준 것은 법도대로 다스리려 했을 뿐이지 황희의 진심을 몰라서가 아니었소. 황희를 다시 불러 높이 쓰도록 하시오. 그냥 버려두기에는 참으로 아까운 인재이기 때문이오."

마침내 태종의 권유로 세종은 1422년 2월, 황희를 한성으로 불러올렸다.

한성으로 돌아온 황희는 정2품 의정부참찬 벼슬에 올랐다. 그리고 곧이어 의례와 외무를 맡는 예조판서로 임명되었다.

황희는 귀양에서 풀려 조정으로 다시 돌아온 심정을 시로 남겨 놓았다.

'청조야 오도고야 반갑다 님의 소식

약수 삼천리를 네 어이 건너온다.

우리 님 만단정회를 내 다 알까 하노라.'

(아, 반갑구나 임금님께서 보내신 사자가 왔구나.

 무거운 죄를 입은 귀양살이에서 풀어 주시다니,

 우리 임금님의 바다 같은 은혜와 하늘 같은 덕을 내 어찌 모르랴.)

새만금 방조제 고속도로
새만금 간척 사업의 1단계 사업으로 건설된 방조제로, 1991년 11월 16일 착공한 후 19년의 공사기간을 거쳐 2010년 4월 27일 준공하였다. 방조제와 간척지 조성이 마무리될 때까지 약 2조 9,000억 원의 사업비가 투여되었으며, 공사가 진행되는 동안 환경 오염 문제가 제기되어 새만금 간척 사업에 대한 찬반 논란이 빚어지면서 물막이 공사를 남겨 둔 시점에서 공사가 2차례 중지되기도 하였다.

황희가 귀양에서 풀려난 뒤 세 달 뒤인 그해 5월에 태종이 세상을 떠났다.

그러나 태종이 세상을 뜨고 나자 황희를 시기하던 신하들이 다시 들고일어났다.

"어찌하여 황희를 가까이 두고 계십니까? 황희는 전하께서 세자로 책봉되실 때 앞장서서 반대한 자가 아닙니까?"

"그런 배은망덕한 자를 가까이 두셨다가는 큰 화를 입으실 것입니다. 벼슬을 거두시고 멀리 쫓으십시오."

그러나 세종은 그 말을 듣지 않았다.

"누가 뭐라고 해도 황 판서는 이 나라의 기둥과 같은 존재요. 이제 누구든 그를 헐뜯고 모함하는 자가 있으면 엄벌에 처할 것이오!"

그 무렵에 강원도 지방에 극심한 흉년이 들어 당시의 관찰사인 이명덕의 힘으로는 백성을 구제할 힘이 없었다.

"경이 내려가서 어려운 백성을 살피고 백성의 굶주림을 해결할 방법을 찾아 주시오."

세종은 그 일을 황희에게 맡겼다. 세종이 황희에게 그 일을 맡긴 데는 이유가 있었을 것이다.

"황희를 판서보다는 한 단계 낮은 관찰사로 임명해 벽지인 강원도로 보내어 능력을 살펴 볼 것이다."

세종은 부왕의 뜻에 따라 황희를 다시 등용했지만, 황희는 원래 양녕대군의 세자 폐위를 반대하다 귀양을 떠나 있었던 인물이다. 따라서 세종의 즉위는 황희의 주장과 상반되는 것이었고 세종도 그 사실을 잘 알고 있었다. 그런 만큼 황희에 대한 의구심이 남아 있었을 것이며 세종으로서는 어떤 방법으로든 황희의 인품과 능력을 직접 확인하고 싶었을 수 있다.

 강원도로 내려온 황희는 마음이 무거웠다.
 "백성은 하루 한 끼도 연명하기 힘들구나. 굶주림과 병으로 죽어 가는 백성을 어떻게 구한단 말인가."
 농민들의 처지는 매우 고달팠다. 밭갈이부터 추수할 때까지 흙과 땀에 절어 살아야 했다.
 "은수저 물고 태어난 양반 팔자는 손에 흙 한 번 안 묻히고 호의호식하고 살지만, 지게 짊어지고 태어난 우리네 농투성이 팔자는 하루 종일 허리 한 번 못 펴고 일만 하면서도 밥 한 끼 배불리 먹을 수 없다니."

"이런 가뭄에 굶주려 죽는 사람은 양반들이 아니라 피땀 흘려 일한 우리 농민들이 아닌가."

농민들의 불만은 이루 말할 수 없이 높았다.

황희는 백성과 똑같이 나물죽을 먹거나 끼니를 거르며 백성을 돌보았다.

그리고 조정에 글을 올려 감영의 창고 문을 열고 저장된 곡식을 풀어 굶주린 백성에게 나눠 주게 했다.

황희는 행정력을 강화시켜 흉년과 기민의 실상을 정확히 파악하여 구체적인 구제의 대책을 수립하는 한편, 수령을 철저히 독려하여 의창 환곡미를 식량과 종자로 나누어 주게 했던 것이다.

"백성에게 올해 세금을 면제해 주도록 하라! 또한 역관을 줄여 백성의 부담을 덜게 하라!"

그 밖에도 가능한 모든 방책을 강구하며 진력했다. 또한 죽실반이라는 음식을 개발해 널리 퍼지게 했다. 죽실반은 강원도에 많이 나는 대나무의 연한 속을 넣어 지은 밥이었는데, 죽실반은 백성을 굶주림에서 벗어나게 해 주었다.

"땅이 넓다면 흉년이 들어도 어느 정도는 곡식을 거둘 수 있다. 좁은 땅에서 나는 곡식만으로는 백성을 배불리 먹일 수가 없다."

황희는 농사지을 땅을 넓히게 하는 한편 농사짓는 방법을 개발하여 많이 수확할 수 있도록 장려했다.

"황희 대감께서 우리를 구해 주셨다!"

"이제 우리 강원도도 살기 좋은 곳이 되었구나!"

황희의 정성 어린 노력은 진휼(흉년에 백성을 구원하여 도와줌)에 큰 성과를 거두었고, 굶주림에 허덕이던 강원도 농민들에게 큰 희망을 안겨 주었다.

뒷날 강원도 백성은 황희가 감사로 일하다가 간간이 휴식하던 곳에 소공대(召公臺)를 쌓아 그에 대한 사모의 정을 나타내기도 했다.

강원도에서 황희가 쏟았던 정성과 노력은 세종에게 깊은 감명을 안겨 주었다.

"그렇듯 나라와 백성을 위해 몸을 아끼지 않는 신하가 있다는 것은 내게 큰 복이로구나. 이제야 황희라는 거목을 찾아내었다!"

세종은 그때부터 황희를 깊이 신임하고 존중하게 되었다. 황희는 약 1년간 강원도관찰사로 재임한 후 찬성사에 임명되어 내직으로 들어왔다. 그리고 뒤이어 이조판서 자리에 이어 우의정 벼슬을 받았다.

1427년(세종 9)에 황희는 정1품인 좌의정에 올라 왕세자(훗날 문조)를 가르치는 사부를 겸했다. 1431년에는 맹사성과 더불어 〈태종실록〉을 만들고 지방 세금 제도인 공법을 새로이 제정하기도 했다.

그런데 황희의 사위인 서달이 신창에 사는 표운평이라는 아전을 죽인 사건이 터졌다. 1427년(세종 9) 6월 17일, 세종은 당시 좌의정이었던 황희와 우의정 맹사성, 형조판서 서선을 의금부에 하옥하라는 명을 내렸다. 형조판서 서선의 외아들이자 황희의 사위인 서달이 신창을 지날 때에 고을 아전 한 명이 자신을 보고도 아는 체를 하지 않고 그냥 가자 서달은 불같이 화를 냈다.

"현직 형조판서의 아들이자 좌의정의 사위인 나를 못 알아보고 인사도 없이 지나가다니! 저놈을 잡아 당장 목을 치도록 하라!"

서달은 하인들에게 그 아전을 잡아오게 했다. 그리고는 정작 당사자가 아닌 다른 아전인 표운평에게 몰매를 가하여 죽게 만들었다. 표운평의 처는 감사 조계생에게 억울함을 호소했지만 조계생은 황희에게 그 사실을 고했다.

"내 사위가 살인죄를 저질렀다니, 믿을 수가 없구나."

황희는 자신의 사위가 살인 사건에 연루돼 있다는 것을 고민하다 그 일을 의논했다.

"이 일을 어떻게 처리하는 것이 좋겠소. 사위는 자식과 같으니 살인죄를 물어 극형에 처할 수도 없는 일 아니겠소?"

황희의 하소연을 들은 맹사성은 신창현감에게 압력을 넣

농악 축제
풍물·두레·풍장·굿이라고도 한다. 김매기·논매기·모심기 등의 힘든 일을 할 때 일의 능률을 올리고 피로를 덜며 나아가서는 협동심을 불러일으키려는 데서 비롯되었다. 지금은 각종 명절이나 동제(洞祭)·걸립굿·두레굿과 같은 의식에서도 빼놓을 수 없는 요소가 되고 있다

었다. 그리고 서달의 아버지인 형조판서 서선과 모의하여 사건의 수사를 주인에게 잘 보이려는 노복들의 과실로 마무리 짓고 서달은 방면시켰다.

"감쪽같이 처리되었으니 아무 걱정할 것 없습니다."

일이 마무리된 듯하자, 주변에서 황희를 안심시켰다. 그렇게 서달의 살인 사건은 무사히 넘어가는 듯했으나 보고서를 받은 세종은 석연치 않은 느낌을 떨칠 수가 없었다.

"서달의 사건을 다시 재수사하도록 하라!"

세종의 명으로 수사가 다시 시작되고 마침내 사건의 진상이 밝혀졌다.

결국 세종은 죄를 물어 황희와 맹사성, 서선을 포함한 관련자 전원을 의금부에 하옥시키라는 명을 내렸다.

"죄가 있어 하옥시켰지만 막중한 임무를 맡고 있는 황희와 맹사성을 감옥에 가두었으니 장차 이 일을 어떻게 한단 말인가."

황희와 맹사성의 필요성을 절감한 세종은 신하들의 반대를 무릅쓰고 두 사람을 다시 복직시켰다.

그런데 서달의 사건이 일어난 지 바로 다음 해인 1428년(세종 10)에 황희는 뇌물 사건에 휘말리게 되었다. 1월에 첨절제사 박유가 청각(바다 녹조식물 중 하나인데, 녹용처럼 생겼다) 두어 말을 황희에게 건네다 걸려 파직되었다. 그리고 6월 어느 날, 역리였던 박용이 인수부판관 조연과 시비가 붙어 박용이 조연을 폭행한 사건이 있었다.

화가 난 조연은 박용을 고을 현감에게 넘겨 버렸고, 다급해진 박용은 아내를 시켜 말 한 필을 황희에게 뇌물로 보냈다.

"부디 선처를 부탁드립니다."

그런데 황희는 그 말을 받고 현감에게 청탁성 편지를 써 주었던 것이다.

이 사실을 알게 된 사헌부에서 들고일어났다.

"황희를 당장 파직시켜야 합니다. 사위의 살인 사건이 미처 가시기도 전에 말을 뇌물로 받은 자를 용서해서는 안 됩니다!"

세종도 마음이 무겁기는 마찬가지였다.

"높은 벼슬자리에 있는 황희가 청탁성 편지를 써 주고 말을 뇌물로 받은 것은 마땅히 큰 죄에 속하나 평소 청렴결백하게 살아 온 황희의 노력 또한 높이 살 일이니 다음부터는 그런 일이 없도록 하고 이번 일은 이쯤에서 덮도록 하시오."

한옥의 문살
한옥의 문살무늬의 아름다움은 전국 각지의 여러 사찰 건물에서 세련되고 화려한 모습으로 표현되어 있다. 최순우 전 국립 중앙 박물관장은 '이조 목수들의 손으로 가누어진 한국 창살 무늬의 아름다움은 때때로 몬드리안의 작품들을 능가할 만큼 세련된 면의 분할을 적잖이 보여 주었다. 한국의 창살 무늬가 지니는 아름다움의 차원은 사뭇 눈 맛의 후련함을 맛보게 해 준다. 은근하게 둥글고 알세라 모르세라 모를 죽이면서 후련한 분할을 즐기고 있다.'며 우리 창살 무늬의 아름다움을 표현했다.

세종은 적극적으로 황희를 감싸고돌았다. 황희도 억울함을 호소했다.

"이번 일은 제 뜻과 상관없이 벌어진 일이었으니 제가 결백하다는 것을 증명하기 위해 스스로 사직하도록 하겠습니다!"

황희 또한 당당하게 맞섰기 때문에 그 일은 흐지부지되고 말았다.

그렇지만 세종 12년 11월 24일, 사헌부에서는 태석균이 제주 감목관으로 있었을 때, 말 천 마리가 떼죽음을 당하여 그에 대한 처벌을 두려워한 태석균이 중신들에게 뇌물을 썼는데, 그 중에 황희도 있다고 고발할 때에는 세종도 어쩌지를 못했다. 왜냐하면 황희가 태석균의 죄상을 논하는 자리에서 그를 변론하는 간언을 했고 그 자리에 세종도 있었기 때문이다. 결국 세종은 어쩔 수 없이 황희를 파직해야만 했다.

"팔 한쪽이 떨어져 나간 기분이로구나. 장차 이 일을 어떻게 수습한단 말인가."

세종은 황희를 파직시키기는 했지만 난감하기 이를 데 없었다.

벼슬에서 물러난 황희는 임진강 가에 반구정(伴鷗亭)이라는 정자를 짓고 자연과 벗하며 한가로운 나날을 보냈다.

'대초볼 붉은 골에 밤은 어이 듯 들으며

벼 벤 그루에 게는 어이 내리는고

술 익자 체 장수 지나가니 아니 먹고 어이하리.'

(대추가 불그레한 골짝에 밤은 또 아람이 벌어 떨어지며, 벼 벤 그루터기에 게는 어찌 나타나는가. 대추와 밤을 줍고 게

를 잡으니 술 안줏감이 생긴 셈인데, 술이 익자 체 장수까지 지나가니 그 체를 사서 새 술을 걸러 먹지 않고 어이하겠는가.)

'강호에 봄이 오니 이 몸이 이리하다.
나는 그물 깁고 아이는 밭을 가니
뒷뫼에 엄나라는 약은 언제 캐려 하느니.'
(새로운 생명이 약동하는 봄철이 닥치고 보니 나도 할 일이 많구나. 나는 고기잡이를 하려고 찢어진 그물을 깁고 아이는 밭을 가느라 저마다 제 할 일이 바쁘다. 그런데 뒷산에 싹이 잘 자란 약초는 언제 캘 것인가, 참 바쁘기도 하여라.)

　모두 임진강 가에 머물며 남긴 시들이다. 그렇게 한가하게 농촌 생활을 즐기던 어느 날, 황희는 강원도로 유람을 나가 경포대에 이르렀다.

'경포대 밝은 물에 달빛 잠기고

낙락장송 저 가지에 연기 서렸소.

비단 구름 땅에 차고 대에는 대가 가득

이 가운데 노니는 이 해중선이다.'

(경포대 맑은 바닷물 속에는 달빛이 비추어 물속에 잠긴 듯 아름답고, 높고 울창한 소나무 가지에는 저녁연기가 서려 있다. 비단 구름이 땅에 가득 찬 경포대에는 대나무가 가득 자랐으니 그 속에 노닐고 있는 나는 바로 바다 속의 신선이로구나.)

반구정에서 갈매기를 벗 삼아 풍류를 즐길 수 있을 무렵에도 신하들은 황희를 탄핵해야 한다고 주장했지만 세종은 황희가 유유자적 강호의 풍류를 즐기도록 내버려 두지 않았다.

"황희야말로 반드시 내 옆에 있어야 할 신하다. 반드시 복직시켜야 한다."

그렇다고 방금 잘라 낸 황희를 금방 복귀시킬 수도 없는 노릇이었고, 여기서 세종은 묘안을 생각해 냈다.

"조정의 사안이 있을 때마다 전의 좌의정 황희와 상의해서 처리를 하도록 하라!"

그런 지시를 내린 것이다.

"그럴 수는 없습니다. 벼슬에서 쫓겨난 자를 찾아가 상의하라는 명은 거두어 주십시오!"

많은 중신들이 다시 들고일어났다.

"파직된 사람과 상의하지 말라는 국법이 있었소? 그런 국법이 없는데 어찌하여 내 명을 거역한단 말이오?"

세종은 끝까지 웬만한 대소사는 무조건 '전 좌의정 황희'를 언급하며, 그의 자문을 구하게 만들었다.

"상감께서 아무리 황희를 아낀다고 하지만 이거야 속이 뒤틀려서 견딜 수가 있나."

"이 나라에 황희말고는 상감께서 믿고 의지할 신하가 없단 말인가."

황희를 쫓아낸 사헌부 관헌들은 세종이 다시 황희를 부르려 하자 전 내섬주부 박도가 교하현감으로 있을 적에 둔전을 황희에게 상납하고 그의 아들에게 벼슬을 제수한 일 등을 비롯해 각종 비리를 고했다.

"증거가 없는 일로 황희를 죄인으로 다룰 수가 없소. 내가 황희를 꼭 필요로 하니 제발 이쯤에서 황희의 복귀를 반대하지 마시오!"

아무도 황희에 대한 세종의 총애를 꺾지는 못했다. 세종은 황희에 대한 배려를 거기에서 멈추지 않았다. 반대하는 중신들을 물리치고 좌의정이던 황희의 벼슬을 영의정으로 승진시켰다.

"마마, 이런 일은 있을 수 없습니다!"

"죄인의 죄를 묻지 않고 무조건 용서하고 복직시키는 것도 있을 수 없는 일인데 영의정으로 승차시키다니, 나라의 국법대로 처리해 주십시오!"

"이런 큰일을 그대로 남기신다면 앞으로 대신들이 사헌

부에 청을 하여 질서를 어지럽히기 쉬운 일이니 깊이 살피십시오!"

"황희의 복귀는 물론이고 영의정으로 승차시키라는 명을 거두어 주십시오!"

사헌부 관헌들은 경악하여 황희의 영의정 제수에 관한 부당성을 주장하였지만, 세종의 자세는 요지부동이었다.

세종도 황희의 공직자로서의 의혹과 결점을 모르지는 않았다.

또한 감찰 기관인 사헌부에서 연일 떠드는데, 모른 척할 수도 없는 임금의 입장도 여간 난처하지 않았다.

세종은 황희의 뛰어난 능력을 높이 평가하여 웬만한 것들은 대충 눈감아 주려고 했던 것이다. 그것은 황희가 24년간이나 재상 자리에 있을 수 있었던 원동력이기도 했다.

그 무렵에 함길도 북쪽 만주 지방에 사는 여진족들이 국

디딜방아
발로 밟아서 곡식을 찧거나 빻는 농기구다. 한쪽이 가위다리처럼 벌어져서 두 사람 또는 그 이상의 사람이 마주 서서 찧는 양다리방아와 한쪽이 벌어지지 않고 곧아서 한 사람이 찧는 외다리방아의 두 가지가 있다. 외다리방아의 가장 오랜 증거는 황해도 안악의 옛 고구려 무덤의 그림으로서 이 무덤은 4세기에 만들어졌으므로 이미 4세기 이전부터 이것을 써 왔음이 분명하며, 이 방아는 근래까지 전남의 해안 지방에서 사용되었다.

토를 자주 침범했다.

"여진족들이 백성을 죽이고 재물을 함부로 약탈하는 등 만행을 저지르고 있으니 속히 손을 써야 할 것입니다!"

조정에서는 그 일을 두고 크게 걱정을 했지만 해결책이 없었다.

"함길도 백성이 마음 놓고 살 수 있는 방법을 찾으려면 누군가 그곳에 가서 상황을 제대로 파악하고 해결책을 찾아야 할 것 같소."

세종의 말에 황희가 나섰다.

"소신이 다녀올까 합니다. 신은 일찍이 경원교수관으로 잠시 함경도를 다녀온 바 있고, 병조판서로 평안도 지방의 여진족도 다스려 본 경험이 있어 가장 적임자일 것입니다."

황희는 그 길로 함길도로 떠났다.

함길도에 도착한 황희는 곳곳을 돌아다니며 백성의 울분을 귀담아 들었다.

"여진족들에게 곡식을 빼앗겨 추운 겨울인데도 헐벗고 굶주린 생활을 해야 합니다"

"놈들이 집을 불태워 눈바람을 피할 곳이 없습니다."

"제 여식과 아내가 놈들에게 끌려갔습니다."

"나라에서는 백성을 내팽개치고 있습니다!"

백성의 하소연을 귀담아듣고 한성으로 돌아온 황희는 세

종에게 여진족을 물리칠 대책을 내놓았다.

"첫째 뛰어난 장수를 보내어 여진족을 쳐서 국경 밖으로 몰아내야 합니다.

둘째로는 튼튼한 성을 쌓아 흩어진 백성이 안전하게 모여 살도록 해 줘야 합니다."

"그렇다면 함길도로 보낼 용맹스러운 장수로는 누가 마땅하겠소?"

세종이 물었다.

"함길도 책임자로는 김종서만한 장수가 없을 것입니다."

세종은 황희의 건의와 추천대로 김종서를 불렀다.

"그대를 함길도 도절제사로 임명하겠소. 우리의 국경을 잘 지키고 방비를 물샐틈없이 해 주기 바라오."

"여진족이 사납다 하지만 힘껏 막아 이 땅에 얼씬도 못하게 할 것입니다."

"두만강 일대에 부령, 회령, 종성, 온성, 경원, 경흥의 여섯 군데에 6진을 세우도록 하시오."

1433년(세종 15), 세종은 최윤덕*을 시켜 압록강 일대에 4군을 설치하게 했다.

그리고 마침내 1434년(세종 16), 김종서*는 10년간의 온갖 고생 끝에 기어이 6진을 완성했다. 그리하여 두만강의 6진과 함께 압록강의 4군이 개척된 셈이었고 그때부터 우리나라의 국경은 백두산에서 동쪽과 서쪽으로 흐르는 두만강과 압록강으로 완전히 굳어지게 되었다.

"6진을 그대로 방치해 두어서는 제 몫을 다하지 못할 것입니다. 한 곳에 1천 호 이상의 백성이 옮겨 가 살도록 해야 할 것입니다."

황희는 6진과 4군을 튼튼하게 지킬 방법을 내놓았다.

"좋은 의견이오. 그러나 6천 호 이상의 백성을 어떻게 북쪽으로 옮긴단 말이오?"

- 최윤덕은 조선 전기의 무신이다. 쓰시마 섬을 정벌했으며 압록강 유역 여연에 침입한 여진족을 물리치고 여연·자성·무창·우예에 4군을 설치했다.
- 김종서는 조선 전기의 문신이다. 1433년 야인들의 침입을 격퇴하고 6진을 설치하여 두만강을 경계로 국경선을 확정하였다. 수양대군에 의하여 1453년 두 아들과 함께 집에서 격살되고 대역 모반죄라는 누명까지 쓰고 효시됨으로써 계유정난의 첫 번째 희생자가 되었다.

"남쪽에 살고 있는 어려운 백성을 그곳으로 옮겨 살게 하여 활기찬 생활을 보장해 준다면 북방의 방비는 자연히 튼튼해질 것입니다."

황희의 건의대로 조정에서는 남쪽 충청도, 강원도, 경상도, 전라도 지방의 백성 중에서 북쪽으로 옮겨 갈 백성을 모았다.

"토직이라는 벼슬을 내리고 신분이 낮은 사람은 한 계급씩 올려 주는 특권을 베풀어 주겠다!"

6진을 개척한 뒤, 김종서는 병조판서에 올랐다.

그런데 벼슬이 오르자 거드름을 피우며 잘난 척하는 일이 잦았다.

하루는 삐딱하게 앉아 있는 김종서를 본 황희가 하급 관리를 불렀다.

"김 판서가 앉아 있는 저 의자가 한쪽 다리가 짧은 모양이니 나무토막이라도 주워다 괴어 드리도록 하라!"

그 말에 김종서를 퍼뜩 정신을 차렸다.

대청마루
대청(大廳)은 한옥에서 몸채의 방 사이에 있는 큰 마루다. 양반과 같은 상류층이 살던 주택의 큰 마루로, 조상의 지방을 모시고 제례를 거행하는 장소로 쓰여 상징적이고 권위적인 의미를 띤다.

"제가 아직 수양이 부족하여 큰 무례를 저질렀습니다. 너그러이 용서해 주십시오!"

"앞으로 의자 다리가 짧거든 반드시 수리하시오!"

황희는 엄하게 말하고 그 자리를 떴다. 그 뒤로 김종서는 항상 자신의 행동을 조심했다.

"나는 백두산 호랑이, 여진족 잡는 염라대왕이란 별명을 얻은 무장이오. 그리고 여진을 정벌할 때는 적의 화살이

날아와 내 책상에 꽂혀도 눈 하나 꿈쩍하지 않았소. 그런데 황희 정승에게 혼날 때는 등줄기에서 식은땀이 흘렀다오."

김종서는 여러 사람 앞에서 그런 말을 하고는 했다.

황희는 항상 너그러운 편이었지만, 김종서에게만은 예외였다. 당시 뛰어난 관리로 명망이 높았던 김종서를 지나칠 정도로 박절하게 대했다.

하루는 공조판서였던 김종서가 공적인 일로 술과 안주를 준비하여 정승들을 대접한 일이 있었다. 그러자 황희는 김종서를 무섭게 꾸짖었다.

"어찌하여 판서가 사사로이 정부의 물자를 쓴단 말인가?"

그 뒤에도 황희는 김종서의 사소한 잘못도 그냥 넘어가는 법이 없었다. 심지어는 김종서가 잘못한 일이 있으면 김종서의 노비를 매질하거나 시종을 가두기까지 했다.

그런 황희를 보고 맹사성이 물었다.

"어찌하여 김종서를 그리도 나무라십니까? 김종서는 나라에서 알아주는 뛰어난 인물이 아닙니까?"

그 말에 황희는 웃으면서 대답했다.

"내가 김종서를 아껴서 그러합니다. 인물을 만들려면 사소한 잘못도 그냥 넘겨서는 안 될 일입니다. 김종서는 성품이 곧고 기운이 좋아 일 처리하는 능력이 지나칠 정도로 빠릅니다. 김종서는 훗날 우리의 빈자리를 이을 인물인데, 만사를 신중하게 처리하지 않는다면 큰일을 그르칠 수 있습니다. 그래서 김종서의 기운을 꺾고 경계하여 스스로 뜻을 가다듬고 무게를 유지하며 무슨 일을 당하더라도 가볍게 처신하지 않게 하려는 것입니다."

실제로 황희는 영의정 자리를 내놓고 물러가면서 김종서를 추천하여 자기 자리를 대신하게 하였다고 한다.

황희는 나라를 바로 세우고, 백성 위하는 일에는 한 치의

양보도 없이 일을 처리했다. 그렇지만 생활은 늘 검소했고, 깨끗한 벼슬살이를 하였다.

어느 날, 세종이 평복을 입고 백성들의 사는 형편을 살피러 대궐을 나섰다.

세종은 황희가 어떻게 사는가 보고 싶었다. 황희의 집은 초라할 뿐만 아니라 담장조차 없었다.

방안에는 멍석이 깔려 있고, 책만 가득할 뿐 그 흔한 장롱 하나 없었다.

"왜 바닥에 멍석을 깔아 놓았습니까?"

세종이 묻자 황희는 빙그레 웃으며 대답했다.

"등이 가려울 때 멍석에 대고 비비면 여간 시원하질 않습니다."

"그러면 천장 구멍을 왜 뚫어 놓고 사십니까?"

"저번에 비가 올 때 빗물이 새었는데, 낙숫물을 받으며 가난한 백성들의 생활을 생각해 보았습니다."

대궐로 돌아온 세종은 지시를 내렸다.

"내일 새벽 남대문을 열면서부터 저녁에 문을 닫을 때까지 장안에 들어오는 상인들의 물건을 모조리 사서 황희 정승 집에 갖다 주어라. 올곧은 청백리에게 내리는 선물이다."

그런데 이튿날, 새벽부터 궂은비가 내렸다. 비는 하루 종일 쉬지 않고 내렸다.

바람까지 심하게 불어서 남대문 안으로 들어오는 상인이 한 명도 없었다.

명령을 받고 남대문에 나가 있던 관리들은 발만 동동 굴렀다.

"날도 추운데 어찌하여 상인 한 명도 안 나타날까."

그런데 저녁때가 다 되어서야 한 노인이 달걀 한 꾸러미를 들고 나타났다.

"이보시우, 어르신! 그 달걀 나한테 파시오."

관리는 노인의 달걀을 사 들고 황희 집으로 갔다.

"전하께서 보내신 달걀이니 거절하지 말고 받아 주십시

오."

관리의 말에 황희는 허허 웃었다.

"전하께서 귀한 달걀을 선물로 보내셨으니 맛있게 삶아 먹겠소."

황희는 세종이 보낸 달걀 선물은 뿌리치지 않고 받았다.

세종은 황희가 정승 자리에 있으면서도 다 쓰러져 가는 초가에서 담장도 없이 사는 것이 마음에 걸렸다.

하루는 공조판서를 불러 은밀히 당부를 했다.

"정승 몰래 집 주변에 담장을 쌓도록 하시오. 절대로 들켜서는 안 될 일이니 조심 또 조심하시오."

며칠 뒤에 비가 내리자 공조판서는 한밤중에 인부들을 데리고 황희 집으로 갔다.

"소리내지 말고 담장을 쌓도록 해라."

공조판서는 인부들에게 서둘러 집 둘레에 담장을 쌓게 했다. 그런데 그만 빗물 때문에 애써 쌓았던 담장이 와르르 무너지고 말았다. 그 소리에 황희가 문을 열고 밖을 내다보았다.

"공조판서께서는 어찌하여 이렇게 비가 오는 한밤중에 내 집에 와서 몰래 담장을 쌓는단 말이오?"

황희가 다그쳐 묻자 공조판서는 마지못해 사실을 말했다. 그러나 황희는 이튿날 날이 새기를 기다렸다가 조정으로 들어갔다.

"비록 신이 정승 자리에 앉아 있지만 아직 백성이 가난하여 담장 없이 사는 사람이 참으로 많습니다. 신의 집에 담장을 쌓으라는 명을 거두어 주십시오."

"허허, 몰래 담장 쌓는 것도 실패했구려."

세종은 황희의 청렴함을 잘 알고 있었기 때문에 그 주청을 받아들였다.

하지만 황희는 공적인 일이 아닌 사적인 일에는 언제나 너그럽고 마음씨 넓은 할아버지 '허허 정승'이었다.

『송와잡설』에는 황희의 인품을 잘 보여 주는 유명한 얘기가

효창공원 열사 묘
효창공원은 조선 22대 왕 정조의 맏아들인 문효세자의 무덤이 있어 효창원이라고 불렸다. 공원의 북쪽 높은 동산 위에는 백범 김구의 묘소가 자리 잡고 있으며, 그 동쪽 다른 동산에는 이봉창·윤봉길·백정기 세 의사(義士)의 묘가 있다. 공원 정문 오른쪽 언덕은 임시정부 요인들의 묘역으로, 이동·조성환·차이석 3위의 묘가 있다.

적혀 있다.

'하루는 계집종이 서로 싸워 집안이 떠들썩했는데 한 계집종이 황희 앞에 와서 "아무 계집이 나와 서로 겨루어 범한 것이 이와 같이 간악합니다." 하고 아뢰자 황희는 "네 말이 옳다." 하였다. 조금 있다가 다른 계집종이 와서 똑같이 호소하자 공은 또 "네 말이 옳다." 하였다.

공의 조카가 옆에 있다가 "한쪽이 옳으면 한쪽은 그르고 한쪽이 그르면 한쪽은 옳은 법이지, 이쪽도 옳고 저쪽도 옳다고 하시면 도대체 어느 쪽이 틀렸다는 말씀입니까?" 하고 따졌다. 그러자 황희는 "네 말도 옳다." 하고 읽던 책을 계속 읽었다.'

'창밖에 복숭아가 익자, 동네 개구쟁이들이 이 녀석 저 녀석 다 몰려들어 마구 따 먹었다. 방안에서 책을 보던 황희는 밖을 내다보며 조용히 타일렀다.
"이놈들아, 다 따 먹지는 마라. 이 할아버지도 맛 좀 봐야지."
하지만 잠시 후 나가 보니 복숭아는 하나도 없고 빈 나무뿐이었다.'

성품이 이토록 너그러워 하인과 그 자식들도 어려운 줄 모르고 스스럼없이 대하여 어떤 때는 지나칠 정도였으나 한 번도 성내 꾸짖거나 매질하는 적이 없었다.

보다 못한 부인이 "집에서 저런 분이 어떻게 정승 노릇을 하며 막중한 나랏일을 보실 수 있을까." 하고 편잔하자, "비복(婢僕)도 다 하늘이 내려 준 이 땅의 백성인데 어찌 가혹하게 부리겠소?" 했다고 한다.

황희의 애민정신(愛民精神)과 투철한 인본사상(人本思想)은 시대를 훨씬 앞서 갔음을 알 수 있게 하는 내용들이다.

종복의 아이들이 달려들어 밥을 빼앗아 먹고 떠들어 대며 수염을 잡아당기고 뺨까지 때려도 그저 '아프다 아파' 할 뿐 노여워하지 않는 허허 할아버지였지만 자식들에게만은 매우 엄해 말을 건네거나 웃는 적이 드물었다.

셋째 아들 수신이 기생과 사귀어 관계를 끊지 못하자 황희는 관복을 갖춰 입고 문밖까지 나와 밤늦게 귀가하는 아들을 맞이했다.

"이제 오십니까?"

황희가 땅에 엎드려 절을 하자 수신이 놀라 물었다.

"어찌하여 자식에게 절을 하십니까?"

"나는 너를 자식으로 대하는데 너는 나의 말을 듣지 않으니 이는 나를 아비로 여기지 않음이다. 그러므로 나도 너를 손님으로 알고 이렇게 맞이하는 것이다."

그 뒤로 수신은 기생을 만나지 않았다.

황희는 누구보다 더 많이 공부하고 더 넓은 경험을 쌓으며 정치적 역량을 성장시켜 나갔다.

한없이 관대하면서도 동시에 무섭게 기강을 세웠기 때문에 황희가 있는 한 조정은 질서가 잡히고 정치가 원활하게 이루어지고 백성은 나라를 신뢰할 수 있었던 것이다.

세종은 한글을 창제하고, 세계 최초의 측우기를 만들고, 혼천의, 해시계, 물시계 등을 발명해 백성이 유용하게 사용할 수 있도록 많은 노력을 아끼지 않은 성군이었다. 그렇듯 세종이 정치, 군사, 문화, 과학, 예술 등 모든 분야에 걸쳐 위대한 업적을 남길 수 있었던 것은 황희, 맹사성 등 청렴하고 유능한 신하를 등용하여 정치를 새롭게 이끌었기 때문에 가능했다.

세종은 정치적 안정을 이루어 국력을 키우고 그것을 바탕으로 문화적 발전을 이룩하였으며, 그 과정에서 어떠한 대립과 갈등도 크게 표출되지 않은 채 질서와 화합이 사회 분위기의 기조를 이루도록 했다. 황희는 그런 세종 곁을 지키며 역사상 성공적인 군주로 자리 잡을 수 있게 도왔던 것이다.

"세종과 황희는 고기와 물이었다. 세종이 없었다면 황희가 있을 수 없었고, 황희가 없었다면 세종은 빛나는 업적을 이루기 어려웠다."

후대 사람들이 그런 말을 할 수 있는 것은 황희가 오랫동안 재상으로 국정을 총관하였던 만큼 세종 대에 이룩된 중요한 일 가운데 그의 손을 거치지 않은 것은 거의 없기 때문이다.

황희는 예악의 정비에도 깊은 관심을 나타냈다.

운주사 원형석탑
운주사에는 통일 신라 후기의 승려 도선국사가 우리나라의 지형을 배에 해당하는 호남 땅이 영남 땅보다 산이 적어 배가 한쪽으로 기울 것을 염려하여 천 개의 불상과 천 개의 탑을 하루 낮 하루 밤 사이에 도력으로 만들었다는 전설이 내려오고 있다. 원형석탑의 구성이나 전체적인 형태는 일반적인 석탑의 형태를 따르지 않은 특이한 모양으로 고려 석탑의 특징을 잘 나타내고 있다.

새 왕조가 확립되어 체제가 정비됨에 따라 예악상정소를 설치 운용할 때, 황희는 책임자로서 고금을 참작하여 예전과 악률을 새로 정리하는 데 중추적 역할을 담당하기도 했다.

그밖에 『속육전』, 『치평요람』, 『역대병요』 등 여러 가지 서적의 편찬을 주도한 일도 빼놓을 수 없다.

황희의 나이가 80이 넘자 세종은 그의 건강을 염려하여 작은 일은 맡기지 않고 나라의 중요한 일만 맡겼다. 그리고 청렴한 노 재상의 말년을 편히 지내게 해 주려고 교하 지방에 농장을 마련해 주었고, 항상 마음을 써 주었다.

황희는 1449년(세종 31) 영의정 자리에서 물러났다. 그런데 그 이듬해 뜻밖에도 세종이 먼저 세상을 떠났다.

"이 나라의 역사상 가장 훌륭한 성군으로 길이 남으실 분이시다."

황희는 세종의 죽음을 누구보다 슬퍼했다. 25년 동안 항상 곁을 지켰던 임금이었다. 황희는 세종의 죽음을 슬퍼한 나머지 거의 바깥출입을 않고 집안에만 틀어박혀 지냈다.

그리고 세종의 뒤를 이어 문종이 왕위에 오른 지 2년인 1452년, 황희는 병석에 누워 일어나지 못했다.

시중드는 아이가 울면서 황희에게 물었다.

"대감마님께서 이렇게 돌아가시면 소인들은 누구를 믿고 살아갑니까?"

그러자 황희는 조용히 대답했다.

"공작은 거미줄만 먹고도 사는데 무엇을 걱정하느냐?"

그리고 얼마 뒤, 황희는 조용히 눈을 감았다. 그때 나이 90세였다.

황희가 세상을 뜬 뒤에 중국에서 공작 한 쌍을 조선에 보내며 잘 길러서 돌려보내라고 했다.

공작은 조선의 새가 아니어서 아무도 공작의 먹이가 무엇인지 알지 못했다.

황희가 온갖 짐승에 대해 잘 알고 있다고 여긴 조정 관리가 황희 집을 찾아가 물었다.

"날거미가 공작의 먹이라고 하셨습니다."

시중드는 아이는 황희의 마지막 말을 전했고, 과연 공작은 날거미를 먹으며 잘 자랐다. 문종은 그 말을 전해 준 아이에게 후한 상을 내렸다고 한다.

문종은 조정의 조회를 사흘간 쉬고 황희의 죽음을 슬퍼했다. 문종은 황희를 세종의 묘정에 배향하고 파주의 방촌

영당, 상주의 옥동서원, 장수의 창계서원에 모셔 제사를 지내게 했다.

"익성공 시호를 내려 그의 공적을 기리겠다!"

신숙주가 쓴 황희의 묘비명과 신도비문에는 다음과 같은 구절이 있다.

'연세 90이 되어도 총명이 감소되지 않아 조정의 법도와 경·사·자·서들을 촛불처럼 환히 기억하였고, 더욱이 산수에 있어서는 제아무리 젊은 사람들이라도 감히 공을 따를 수 없었다.
한평생 남의 지난날 잘못을 새겨 두지 않았고, 평소의 처사에는 관용을 위주하여 상대방에 섭섭함을 주지 않다가도 대사를 의논하는 데는 시비를 직접 가려내어 조금도 용납이 없었으며 모든 상소와 건의문이 거의 공이 손수 만든 것으로서 그 사의가 창쾌하여 한 번만 읽어 보아도 지성을 엿볼 수 있었다.'

황희의 상여가 떠나던 날, 장안의 백성은 모두 흰옷으로 갈아입고 거리에 나와 그의 죽음을 슬퍼했다고 한다.

'공을 안장하는 날에는 신분의 귀천을 막론하고 저마다 달려와 애통해하고 아쉬워하였으며, 각 부처의 서리들은 물론 노복까지도 제각기 앞을 다투어 포화를 내어 제전을 드리되, 무척 풍후(豊厚)스럽게 하여 그 경비를 꺼리지 않았으니 옛사람 가운데 그 끼친 사랑이 한 지방 고을에 그친 이는 더러 있었지만, 공처럼 온 나라가 허둥대며 사모하는 이는 천고에 드문 바이다.'

황희의 죽음은 노복들까지 진정으로 슬퍼했다는 것은 명재상으로서의 업적뿐 아니라 그의 청백리로서의 삶이 큰 영향을 미쳤기 때문이다.

묘비명에는 '집에 있을 때에는 청렴 검소하고 예의로써 몸을 지켜 그 처사가 다 본받을 만하였고, 수상으로 있으면서 가세가 쓸쓸하여 마치 포의지사(베 옷을 입은 선비, 즉 벼슬을 하지 않은 가난한 선비) 같았다'는 구절이 있다. 그만큼 청렴하게 살았다는 것을 의미한다.

더러는 황희가 청빈한 것을 넘어 곤궁하게 살았다는 것은 사실이 아니라고 보기도 한다.

황희가 청렴하게 산 것은 사실이지만 많은 종을 거느리고 있었고, 직위에 따른 과전도 지급받았기 때문에 결코 고통스러울 만큼 가난하지는 않았다는 것이다.

따라서 전해 오는 많은 일화들은 황희가 원체 물욕이 없었던 인물이고 고위 관직에 오래 머물렀으면서도 청빈한 자세로 일관했기 때문에 후대에 교훈으로 삼기 위해 다소 과장되었을 수 있다고 보기도 한다.

하지만 수입의 대부분을 민생을 구휼하기 위해 사용한 탓에 경제적으로 넉넉하지 못했을 수도 있다.

실제로 황희는 경작지를 소유하지 못하고 떠도는 백성을 정착시키고 안정시키는 데 많은 노력을 기울였다. 또한 식

운주사 석조 불감
전라남도 화순군 도암면 운주사에 있는 고려 시대의 불감으로 보물 797호다. 운주사는 화순군 도암면 천불산에 있으며 대한불교조계종 제21교구 본사인 송광사에 딸린 사찰로 통일 신라 시대의 승려 도선이 세웠다고 전해진다. '불감'이란 불상을 모시기 위해 만든 집이나 방을 가리킨다.

량을 아끼고 절약하기 위해 개를 키우지 않았다는 이야기도 있다.

황희는 역사상 가장 뛰어난 명재상으로 손꼽히고 있다. 90세까지 장수하지만, 세상을 떠나기 3년 전까지 24년 동안 재상으로서 임금을 보좌하며 국정을 총관해서 우리 역사에서 빛나는 세종 대의 황금기를 낳게 한 큰 정치가였다. 또한 깨끗한 청백리로 모든 공직자의 귀감이 되었다.

'역사를 바꾼 인물·인물을 키운 역사' 기획 의도

성장기 어린이부터 청소년까지 역사는 떼려야 뗄 수가 없는 공부다. 다른 나라 역사보다 우리나라 역사를 더 알아야 한다는 것도 분명한 사실이다. 역사를 이끌고 가는 것은 인물이다. 역사를 이로운 길로 이끈 인물이건 나쁜 길로 이끈 인물이건 역사에서 인물이란 빼놓을 수 없는 존재다. 한 인물로 인해 역사의 흐름이 바뀌는 경우도 많고, 역사로 인해 한 인물이 탄생하는 경우도 많다. 그만큼 역사를 제대로 알려면 그 시대의 중요한 인물을 알아야 하고, 인물을 통해 역사를 읽을 수 있는 안목을 키워야 한다.

인물 이야기는 이야기 속에 그 사람 삶의 모습이 진솔하게 담겨 있어야 할 뿐만 아니라, 인간으로서의 고뇌와 절망을 극복해 나가는 모습도 모두 함께 담겨 있어야 한다. 또 그 사람의 행동은 당시 사회 상황에서 규정되기 때문에 당시의 상황 속에서 그 인물을 관찰할 수 있어야 한다.

'역사를 바꾼 인물·인물을 키운 역사'는 어린이는 물론이고 청소년, 그리고 일반인들까지 부담 없이 읽고 폭넓게 공감할 수 있는 내용으로 엮는 것을 최우선 방향으로 잡았다.

인물 이야기는 백과사전이 아니다. 한 사람을 역사 속에서 바라보는 것이다. 제대로 쓰인 인물 이야기가 아니면 의미가 없다. 시대와 장소를 초월해서 하늘이 내린 인물이나 신적인 존재로 그려진 그런 인물 이야기가 아니라, 인간적인 냄새가 물씬 풍기는, 제대로 쓰인 인물 이야기가 필요할 때다.

또한 역사는 결코 지난날의 이야기가 아니다. 현재는 물론이고 미래에도 언제든지 새롭게 발견되고 새롭게 해석될 가능성이 많다. 특히 우리의 역사는 오랜 세월 동안 왜곡되고 사라진 부분이 많은 만큼 연구할 부분이 많을 수밖에 없다.

또한 우리 역사의 국통을 아는 것은 단순히 과거를 아는 것이 아니다. 우리 민족이 섬겨 왔던 조물주의 창조 섭리, 인간이 어떻게 태어나고 어떻게 봄·여름·가을·겨울을 살아왔느냐 하는 삶의 과정과 역사의 깊은 섭리를 아는 것이다.

그러자면 여러 가지 학설과 주장을 두루 듣고 연구해서 진실에 가까운 역사를 찾아내는 것이 무엇보다 중요하다. 또한 한 인물을 제대로 이해하려면 무엇보다 그 시대의 역사를 제대로 이해해야 하고, 역사를 이해하려면 그 시대를 움직인 인물을 제대로 이해하려는 노력이 필요하다.

참조문헌 두산동아백과사전 / 위키백과사전
신편 고려사절요〈신서원 출판사〉 / 고려왕조실록〈웅진지식하우스〉
세종 실록 밖으로 행차하다〈푸른 역사〉 / 조선왕조실록〈웅진지식하우스〉
태종 조선의 길을 열다〈해냄〉 / 한 권으로 읽는 세종대왕 실록〈웅진지식하우스〉

불사조 천하
-황희-

초판 1쇄 발행	2010년 8월 31일
글	역사 · 인물 편찬 위원회
펴낸이	이영애
디자인	장원석 · 김재영
책임 교열	차문규
표지 그림	박경민
사진 협조	이수용(수문출판사) / 경상북도청 / 경상남도청 / 충청남도청
	충청북도청 / 경주시청 / 위키백과 / 오픈애즈
펴낸곳	역사디딤돌
출판등록	2009년 3월 23일 제312-2009-000020
주소	서울특별시 종로구 당주동 168번지 당주빌딩 4층
전화	(070)7690-2292
팩스	(02)6280-2292
E-mail	123pen@naver.com
ISBN	978-89-93930-34-4
	978-89-962557-9-6(세트)

잘못된 책은 서점에서 교환해 드립니다. 저자와 협약에 의해 인지는 생략합니다.
신저작권법에 의하여 보호를 받는 저작물이므로 무단 전재와 복제를 금합니다.